国网河南省电力公司
数据分析典型案例集锦
——「数据洞察：经典分析案例集锦」

国网河南省电力公司信息通信分公司　组编

中国水利水电出版社
www.waterpub.com.cn
·北京·

内 容 提 要

本书是省、市、县三级电力公司数据分析应用工作实践的典型案例集锦。本书共分五篇，主要包括支撑国家科学治理篇、支撑绿色低碳发展篇、赋能电网转型升级篇、赋能经营管理提升篇和赋能客户服务优质篇等，涵盖支撑社会治理与经济发展、推动生态发展、服务电网运营、深化精益管理、提升运营能力和优化客户服务等方面业务内容。

本书可以为国家电网有限公司省、市、县三级数字化专业人员提供实用化借鉴，为从事电网规划、电网建设、电网运行、人力资源管理、设备运检、物资（服务）及采购管理、营销管理、战略与决策等专业人员提供有益参考，也可作为电力系统及自动化等相关专业学习爱好者的基础教程。

图书在版编目（CIP）数据

国网河南省电力公司数据分析典型案例集锦 : 数据洞察 : 经典分析案例集锦 / 国网河南省电力公司信息通信分公司组编. -- 北京 : 中国水利水电出版社, 2024.12. -- ISBN 978-7-5226-3125-7

Ⅰ. F426.61

中国国家版本馆CIP数据核字第20257XQ232号

书　　名	国网河南省电力公司数据分析典型案例集锦 ——「数据洞察：经典分析案例集锦」 GUOWANG HENAN SHENG DIANLI GONGSI SHUJU FENXI DIANXING ANLI JIJIN——「SHUJU DONGCHA：JINGDIAN FENXI ANLI JIJIN」
作　　者	国网河南省电力公司信息通信分公司　组编
出版发行	中国水利水电出版社 （北京市海淀区玉渊潭南路1号D座　100038） 网址：www.waterpub.com.cn E-mail：sales@mwr.gov.cn 电话：（010）68545888（营销中心）
经　　售	北京科水图书销售有限公司 电话：（010）68545874、63202643 全国各地新华书店和相关出版物销售网点
排　　版	中国水利水电出版社微机排版中心
印　　刷	清淞永业（天津）印刷有限公司
规　　格	184mm×260mm　16开本　12.75印张　243千字
版　　次	2024年12月第1版　2024年12月第1次印刷
定　　价	**90.00**元

凡购买我社图书，如有缺页、倒页、脱页的，本社营销中心负责调换

版权所有·侵权必究

编 委 会

主　任　陈　涛　郝福忠

副主任　李文萃　常大泳

委　员　党芳芳　桂　丹　李　东　刘伯宇　远　方
　　　　　王心妍　刘　远　牛斌斌

编写成员名单

主　　编　李　东　宁永杰

副 主 编　党芳芳　刘伯宇　远　方　孟慧平　王军义
　　　　　王志颖

编写人员　朱　莹　张　静　孟昭泰　贾静丽　郭　亚
　　　　　胡　岸　张兰云　王淑慧　郑腾霄　杨　扬
　　　　　王　浩　刘　咏　杜嘉程　古　明　王晨旭
　　　　　刘怡晴　夏晨阳　殷婷婷　董凯丽　张亚珍
　　　　　李　靖　张文丰　原玉山　丁　琼　王　遵
　　　　　彭　苺　李自敬　牛金星　路光明　裴　磊
　　　　　韩　洋　范阳阳　赵　东　王菲菲

前言

党的十八大以来，党中央高度重视发展数字经济，将其上升为国家战略。2023年10月25日，国家数据局挂牌成立，开创了构建数据基础制度、统筹数据资源整合共享和开发利用的新局面，努力发挥数据的基础资源作用和创新引擎作用。

国家电网有限公司（以下简称国网公司）近年来连续发布了《国家电网有限公司关于印发公司数字化转型发展战略纲要的通知》（国家电网互联〔2021〕258号）等文件，为国网公司的数字化转型提供了明确的指导和规划，对于推动国网公司数据应用以及数字化转型具有重要意义。同时，国网公司还通过具体的举措和规划，如以"三融三化"为总体推进思路，提出"3-6-3-4"❶数字化转型框架等，积极推动数字化转型战略的落地实施。

国网河南省电力公司（以下简称国网河南电力）为落实国网公司数据应用"133"❷总体工作要求，对内数据服务坚持"面向专业、面向基层、面向应用"的工作原则，通过"建体系、搭平台、夯基础、促应用"的工作思路，打造基于数据中台的快速应用模式，深化面向基层的数据服务，推进典型场景、共性数据集等数据产品的创新构建和推广应用。截至2024年11月底，国网河南电力大数据应用纵深推进，培育大数据应用成果成绩斐然，已打造144个场景、122个数据集和19个实用化工具，有效强化了数据专业赋能，有力推动了国网河南电力的高质量发展进程。

本书旨在通过汇集一系列数据分析应用案例，帮助读者更好地理解数据分析的实际应用及其在不同场景中的价值。本书分为五个篇章，其中，在

---

❶ "3-6-3-4"指依托数据资源、数字技术、数字生态三大要素驱动，聚焦新型数字基础设施、企业智慧运营能力等六大核心任务，运用基础设施、核心业务和分层分类三类转型方式，强化人才强企、安全运营、组织变革和机制创新四个战略保障，全力建设智慧国网。

❷ "133"指一条主线、三个建设和三个定位。"一条主线"指坚持释放数据要素价值这条主线；"三个建设"指支撑数字中国、数字经济和数字社会建设；"三个定位"指做好加快构建新型电力系统的践行者，成为发挥数据要素乘数效应的引领者，争当数据产品价值发挥的先行者。

"支撑国家科学治理篇"中，围绕社会经济难点、国家治理痛点、创新发展热点，由宏观静态统计数据分析向微观实时明细数据分析转变，切实对接政府、社会需求，提升社会经济和国家治理精益化、智能化、协同化水平，赋能国家治理能力和治理体系现代化建设；在"支撑绿色低碳发展篇"中，挖掘电力和环境的耦合关系，加强电力数据在清洁发展、节能环保领域的应用，为推动绿色发展、积极稳妥推进碳达峰碳中和提供有力支撑；在"赋能电网转型升级篇"中，充分发挥数据要素在电网运营全环节"可观测、可描述、可控制"的价值发挥，实现状态实时感知、故障精准识别、运行自主优化，全面提升电网主业的智能化、绿色化水平，支撑加快构建清洁低碳、安全充裕、经济高效、供需协同、灵活智能的新型电力系统；在"赋能经营管理提升篇"中，紧扣企业经营管理的实际业务逻辑，站在企业全局视角开展业务流程优化和模式改进，依托数据建模与仿真，实现经营管理的流程可视、运营可控、问题可溯，持续提升科学决策能力、业务运行效率和风险管控水平；在"赋能客户服务优质篇"中，构建客户群体特征分析及细分模型，评估优化潜力，为用户智能推荐个性化服务方案，满足差异化服务需求，服务电力企业上下游客户，支撑产业生态发展。

  每个案例不仅展示了数据分析的具体方法和技术，还深入探讨了背后的思维过程和决策依据。这些案例来自于多个专业，涵盖了从趋势预测到客户行为分析、从客户服务改善到运营效率提升等广泛的应用场景。通过这些实际的应用实例，读者将能够看到数据分析如何转化为可操作的战略，以及如何通过数据驱动的决策来取得成功。

  本书的最终目的是帮助读者掌握数据分析的核心技能，并提供宝贵的实践经验，以应对日益复杂的数据挑战。无论你是数据分析的初学者还是经验丰富的专业人士，希望本书都能成为你在数据分析领域探索和创新的有力工具。

  由于时间和水平限制，本书难免存在疏漏之处，恳请各位读者批评指正。谢谢！

  因工作原因，本书对相关敏感数据进行了必要的处理与保护，请各位读者留意并理解。

编者

2024 年 12 月

目 录

前言

第一篇 支撑国家科学治理篇

第一章 责任担当服务社会治理 ... 3
  第一节 电力助应急企业安全生产用电监测分析 ... 3
  第二节 革命老区振兴电力数据分析 ... 7
  第三节 区域空心户识别 ... 12

第二章 精准有力解读经济发展 ... 16
  第一节 电力数据看假日经济分析 ... 16
  第二节 电力看商圈经营监测分析 ... 19

第二篇 支撑绿色低碳发展篇

第三章 智能管理推动生态和谐 ... 33
  第一节 电力助环保企业管控生产分析 ... 33
  第二节 电力看水资源以电折水评估 ... 39

第三篇 赋能电网转型升级篇

第四章 全力以赴保障电力供应 ... 47
  第一节 迎峰度夏专项解读 ... 47
  第二节 配电线路绝缘化提升探究 ... 50
  第三节 基于乡村空心化率的配网台区辅助分析 ... 52

第五章 优质高效服务电网运营 ... 59
  第一节 电网小助手全场景实时监测电网运行情况解析 ... 59
  第二节 配网运行状态主动监测分析 ... 63
  第三节 安全风险管控数字化监督 ... 68

第六章 精准分析辅助异常治理 ... 73
  第一节 低压台区三相不平衡分析 ... 73

  第二节 配网线变关系分析 ································· 75
  第三节 专变负载可视化 ··································· 80
第七章 科学有效促进清洁转型 ································· 83
  第一节 光伏台区监测预警分析 ··························· 83
  第二节 分布式光伏接入承载力分析 ······················ 91

第四篇 赋能经营管理提升篇

第八章 缜密布局辅助领导决策 ······························· 101
  第一节 全省自用电量情况解读 ··························· 101
  第二节 供电所经营质效评价 ······························ 103
第九章 精益分析优化资源配置 ······························· 111
  第一节 待解绑附属设备信息识别 ························· 111
  第二节 各单位拆回电能表信息挖掘 ······················ 113
  第三节 配网新建工程物资合理性分析 ··················· 115
第十章 数据构建助力基层减负 ······························· 127
  第一节 用户用电量异常分析 ······························ 127
  第二节 变压器暂停减容期间有抄见电量识别 ············ 130
  第三节 用电客户与计量点关系信息解读 ················ 132
  第四节 箱表关系识别 ······································ 134
第十一章 智慧协同支撑管理提质 ····························· 137
  第一节 智慧党建 ··· 137
  第二节 智慧人才 ··· 140
  第三节 智慧督办 ··· 145
  第四节 智慧合同 ··· 148
  第五节 智慧审批 ··· 150
第十二章 数字赋能提升服务效率 ····························· 153
  第一节 快报表 ·· 153
  第二节 养老金智能测算 ··································· 156

第五篇 赋能客户服务优质篇

第十三章 数据洞察助力服务优化 ····························· 163
  第一节 电力市场化营销大数据精益分析 ················ 163
  第二节 专变暂停（减容）到期未恢复状态监测 ········ 167

第三节	主要工业行业用电情况分析	169
第十四章	**业务协同促服务智能化**	**172**
第一节	一址多户判别	172
第二节	销户有余额用户信息识别	174
第十五章	**异常管控确保服务质量**	**176**
第一节	配网户变关系分析	176
第二节	充电桩异常识别	182
第十六章	**数字驱动助力服务升级**	**185**
第一节	95598敏感用户监测分析	185
第二节	费控停电预警用户明细探究	187

第一篇

支撑国家科学治理篇

第一章

责任担当服务社会治理

第一节　电力助应急企业安全生产用电监测分析

一、背景介绍

近年来，全国矿山、危化品等高危行业企业生产安全事故频发，关停企业偷采盗采、明停暗开、昼停夜开和边建边开等违规违法生产行为屡禁不止，严重影响了人民群众的生命财产安全。为提高安全监管数字化水平，应急管理部在 2021 年全国应急管理工作会议上作出"利用大数据分析关停企业用电"的工作部署。

开展"电力助应急"工作，是贯彻落实中央有关部署的具体行动，是推动国网公司高质量发展的重要举措，也是助力安全生产治理能力现代化的迫切需要。近年来，国网河南电力与河南省应急管理厅密切配合、通力协作，充分发挥电力大数据覆盖范围广、实时性和准确性强的优势，共同推进"电力助应急"工作，在试点地区取得了良好应用效果，验证了电力大数据的有效性，双方合作基础不断得到夯实。

二、产品详情

（一）实时监测

实时监测（图 1-1）为企业安全生产用电监测系统入口，可实现对全市"今日告警"的全方位展示，包含用电监测企业概况、实时告警信息、今日各类型告警分析、今日各区域告警分布及今日核实情况统计等信息。

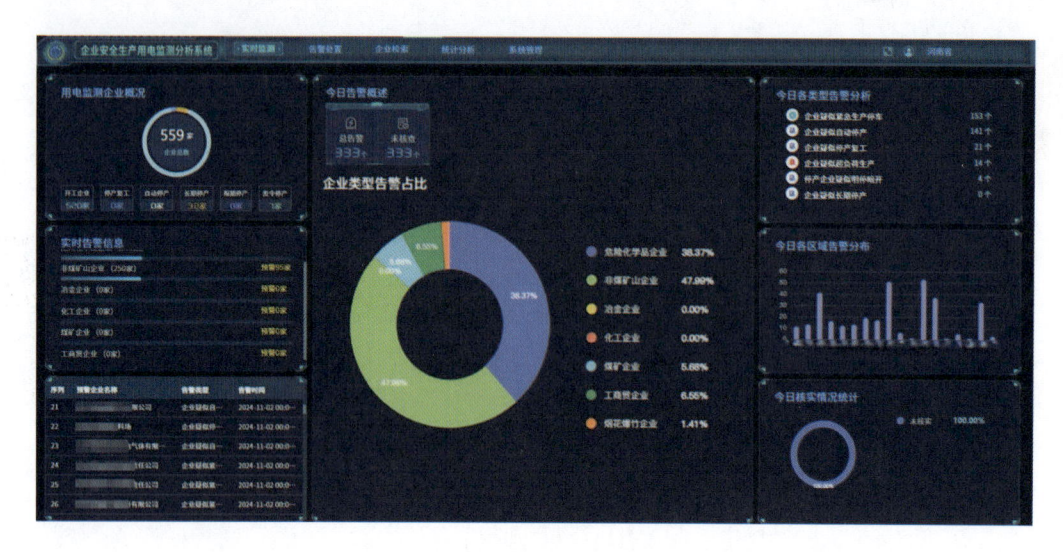

图 1-1　实时监测

（二）告警处置

告警处置模块包含告警处置和处置记录两部分。其中，告警处置通过列表形式展示系统中所有告警，包括未处理、处理中、已关闭的全部告警，支持通过告警编码、告警类型、处理状态、企业名称等关键字对告警进行检索；处置记录通过列表形式展示已经关闭的告警。

（三）企业画像

企业画像包含企业检索和企业画像两部分。其中，企业检索包含系统已监管的全部企业，通过整合企业基本信息、企业用电情况、生产规模、企业告警等形成企业档案，为企业用电监测分析和企业安全生产综合评价提供基础数据；企业画像则是基于企业违规告警情况、用电监测分析、执法整顿等信息，构建企业用电安全综合评价模型。

（四）统计分析

统计分析包含统计结果、用电监测和监测报告三部分。统计结果从疑似情况、区域分别、告警类型、企业类型、告警趋势等多个角度进行统计分析，支持快速掌握最近或历史某一时间段内的告警分布情况。用电监测分为电量检测和电流监测两个部分，通过折线图展示企业所有监测点的用电波动情况。监测报告则通过图表可视化展示企业违规生产告警和执法核查数据，定期生成告警分析报告。

(五) 停复产计划

停复产计划通过整合政府行政执法文书，制订企业的计划停复工日期，系统会根据停复产计划自动更新企业状态，并进行相应的生产行为监测。

三、主要做法

电力助应急产品的主要工作分为四步：第一步，对该产品涉及的用采系统数据进行深入分析，依据溯源到的表进行规则判定和逻辑梳理，提高最终结果的准确性；第二步，针对溯源数据进行数据处理，包含整理、清洗、转换、分析等环节；第三步，编写业务逻辑，对产品业务规则进行说明；第四步，部署算法模型和数据产品，发布场景可视化页面。

(一) 数据来源

电力助应急监测数据包括企业电力客户档案、日用电量、业扩报装和减容等信息，在数据中台进行数据清洗、转换、加载、脱敏后形成源数据。数据使用按照国家电网数据共享使用流程，遵循数据负面清单管理规范，最小化使用所涉数据。客户电量、电流等涉密数据均进行标准化脱敏处理，降低数据泄密风险。

(二) 数据挖掘

1. 预警规则

（1）明停暗开。

企业今日用电量明显高于日常非生产用电量。企业状态为限期停产、责令停产，计算出今日用电量，判断是否大于阈值最小值。

判断条件：今日用电量大于阈值最小值。

（2）紧急生产停车。

企业今日用电量较前一天下降超70%。企业状态为正常开工，计算出今日和昨日电量，验证今日用电量是否较前一天下降超70%。

判断条件：今日电量小于（昨日电量×0.3）。

（3）超负荷生产。

企业今日用电量明显高于日常生产用电量。企业状态为正常开工，今天用电量是否大于阈值最大值。

判断条件：今日用电量大于阈值最大值。

（4）自动停产。

企业日用电量连续多日低于日常生产用电量。企业状态为正常开工，计算出近5天每日电量，分别判断是否小于阈值最小值。

判断条件：连续5天的日电量均低于阈值最小值。

（5）长期停产。

企业日用电量长期低于日常生产用电量。企业状态为自动停产，计算出近一个月每日电量，分别判断是否小于阈值最小值。

判断条件：近30天日电量均低于阈值最小值。

（6）停产复工。

企业日用电量连续多日高于日常非生产用电量。企业状态为长期停产、自动停产，计算出近3天日电量，分别判断是否大于最小值。

判断条件：近3天日电量均大于阈值最小值。

（7）昼停夜开。

企业夜间用电量明显高于白天用电量。企业状态为限期停产、责令停产，计算出白天、夜晚的电量，判断白天用电量小于最小值，夜晚用电量大于白天用电量。

判断条件：早8点至晚7点的小时电量之和小于晚8点至早7点的小时电量之和。

2. 企业画像

综合得分＝（告警频繁度＋执法干预率＋整改达标率＋告警真实率＋用电平稳度）/5

告警频繁度 ＝ 100—近30天内总告警数量（所有告警）

执法干预率 ＝ 100—近30天内符合条件1告警数量（条件1：告警数据"处理状态"为"待处理"，并且告警数据"是否有效"为"有效告警"）

整改达标率＝100—Not closed score（近30天该企业未关闭的告警数量）

告警真实率＝100—近30天该企业符合条件2告警数量（条件2：告警数据"处理状态"为"已关闭"，并且告警数据"是否有效"为"有效告警"）

用电平稳度＝100—Growth rate score（获取当前企业的计量点档电量数据，计算电量标准差，标准差平均值即可获得分数）

（三）模型算法设计

根据企业分类、生产状态、监测规则，基于箱线法则去除用电数据中的异常值，如极大值或极小值，通过四分位法、聚类算法生成用电量告警阈值，利用"双向长短期记忆神经网络"算法自动训练模型，从而让数据和模型滚动迭代，实现告警规则"一企一策"。

（四）预测模型及结果分析计算

调取 30 家试点企业近两年的用电数据，利用算法判定异常生产行为，并与企业实际生产行为进行验证，不断优化算法模型；监测范围由原来 30 家高危企业扩展至 559 家，涉及行业由原来的 3 类（非煤矿山、危化品和一般化学品）扩展至 5 类（增加工商贸、烟花爆竹），进一步进行算法验证。

四、成效总结

国网河南电力充分借鉴国网公司及其他网省优秀经验，拓展服务形式，谋划春节专刊，以春节前两周、春节期间、春节后一周为时间区间，选取危化行业为示例，从生产状况、超负荷生产行为、自动停产行为三方面对行业不同时间区间、不同地区总体生产情况、异常情况进行综合分析。根据分析结果，应急部门可以从加强超负荷企业执法检查、加大停产企业帮扶力度等方面进行下一步工作谋划。2023 年，河南省应急管理厅规划财务处（科技和信息化处）联动国网河南省电力公司信息通信分公司（以下简称国网河南信通公司）数据管理中心，对自动停产、超负荷生产和紧急停车 3 种违规类型展开电话核查；期间累计验证核查 24 家企业，查实率达到 92％。

第二节　革命老区振兴电力数据分析

一、背景介绍

按照中共河南省委、河南省人民政府《关于全面推进乡村振兴发展加快农业农村现代化的实施意见》，根据国网公司《关于巩固拓展脱贫攻坚成果助力乡村振兴的意见》及国网河南电力关于乡村振兴发展的工作部署，按照"乡村振兴，电力先行"的发展理念，国网河南电力选取 H 县供电公司建设 H 县革命老区振兴发展展示平台，旨在以电力视角展现 H 县供电公司在脱贫攻坚、乡村振兴方面的优秀成果。

二、产品详情

围绕电力助力乡村振兴为主题，以电力视角，从产业用能结构及成效分析、清洁能源运行实时监测与分析、红色景区及红色教育发展情况及用电监测分析、乡村振兴电力指数等四大方向，形成用电结构分析、规上企业分析、特色茶产业分析等 15 个业务分析场景。

　　用电结构分析以电力大数据为基础，监测分析各行业用能及生产情况，评估各产业用能结构合理性，并针对各年度电力投资、各年度单位 GDP 电耗趋势、各年度累计变电容量、各年度累计线路长度与各行业用电趋势及占比等情况分析，进行可视化展示，为产业的科学发展提供有力的数据支撑。

　　规上企业分析主要通过 H 县规上企业用能分析视角，展示 H 县规上企业日、月、年累计用电量情况，以及企业数量、各产业企业数量及用电量占比、各行业用电量占比，同时针对日用电量波动较大的企业进行及时预警，对规上企业的发展进行有效监测。

　　特色茶产业分析主要围绕 H 县特色产业（茶产业）分析展示年度 H 县茶产业种植与规模情况、茶产业产值及茶产业月度用电趋势及季节规律、H 县全电制茶企业"×××茶厂"投资、电网配套投资、用电趋势及成效监控。通过对特色茶产业的用电情况监测分析，构建用户多方参与、合作共赢的绿色产业发展模式。

　　农业分析主要围绕 H 县农业，通过分析主要农作物的种植面积及分布情况、各年度农作物产能及消费量、各年度农业 GDP 及增速、相关电力配套投资建设情况、农业灌溉用户明细和月度用电趋势，精准监测分析农业发展情况。

　　全域旅游分析主要围绕 H 县旅游产业全域旅游，通过分析展示旅游业电力配套投资金额及明细、景区旅游人次、旅游业拉动就业情况等旅游业相关成效，为政府推动旅游业发展提供数据支撑，同时及时掌握旅游业的电力需求侧信息。

　　旅游相关产业分析主要围绕 H 县旅游相关产业，分析展示 H 县餐饮住宿产业整体概况、全电民宿占比、热点餐饮住宿排名、热点景区排名等情况，助力电网科学合理规划，构建良好产业发展模式，促进旅游业可持续发展。

　　全电民宿分析主要围绕 H 县全电民宿，监测分析 H 县住宿产业相关电网侧投资、客户侧投资等建设情况、全电民宿明细及分布、全电民宿月度用电量趋势等情况，引领政府合理配置全电旅游资源、实现景区低碳绿色用能，推动零碳景区建设。

　　新能源主要是围绕 H 县风电场、水电站，全方位多维度展示新能源建设及运行发展情况。基于三维地图风电场、水电站、变电站等实体进行建模，构建 H 县 35kV 及以上网架结构与潮流流向，同时分析展示 H 县风电场、水电站年度装机容量趋势、风电场、水电站年度发电量趋势、风电场、水电站实时出力情况以及风电场、水电站发电占比与等效 CO_2 碳减排、CO_2 排放量情况，支撑电网规划建设。

光伏电站主要围绕H县光伏发电站，整合分布式光伏电站运行数据分析影响电站运行因素，分析展示H县光伏电站相关电力配套投资建设情况、光伏电站分布情况、光伏电站各年度装机容量趋势和光伏电站上网电量趋势等情况，提高光伏电站精准运维水平。

公交充电站主要以电力数据为基础，动态监测分析公交线路运行情况，多维度分析展示H县公交充电站分布情况、规划情况、各年度装机容量趋势、充电站各年度用电量趋势、H县各年度全电公交数量趋势及占比情况、全电公交CO_2碳减排情况以及H县公共绿色出行率情况等数据，为绿色交通体系构建提供数据支撑，助力旅游业绿色发展。

乡村电气化主要是围绕H县乡村电气化建设，分析展示H县乡村电气化工程投资金额、项目数量、改造变电容量、改造自然村数量及乡村电气化工程明细等指标，监测乡村经济发展、民生改善等方面工作成效。

红色文化主要围绕H县红色景区与红色教育，分析展示H县红色景区各年度用电趋势、红色旅游用电量占比与各年度旅游人次、红色教育各年度用电量趋势及电力配套投资建设等情况。充分利用红色教育资源，拉动红色教育培训，弘扬红色文化，推动红色文旅产业发展。

电亮文明（图1-2）主题分析展示H县供电公司在电力防疫、电力抢险抢修、电力帮扶企业与电力服务三农等方面的帮扶成效以及连续安全生产无数，提升农村基础设施的电力保障水平，助力乡风文明建设。

图1-2 电亮文明

乡村振兴主要是根据乡镇户均用电量、工商业用电量、农业用电量指标，深入分析各年度城乡居民用电、农业生产用电、工商业用电情况，结合人均可支配收入、人均GDP、城镇化率等内外部数据，构建生活富裕指数、农业发展指数、产业兴旺指数等二级指标；通过层次分析法、熵权法、模糊权重矩阵等进行建模评估，构建乡村振兴电力指数，真实反映乡村居民生活以及电气化水平。

空心户分析主要是利用电力数据量大、颗粒度细、实时性高等特点，挖掘电力数据与实际常住人口的强关联属性及特征，建立防返贫监测机制，构建空心户识别模型，精准识别空心户，以空心率侧面反映各乡镇经济发展、人口流动等情况，为政府乡村规划布局、帮扶机制建立、空巢老人生活环境改善等问题的精准施策提供数据参考。

三、主要做法

H县革命老区振兴展示平台产品的主要工作分为四步：第一步，对该产品涉及的能源互联网营销服务系统、用电信息采集系统、一体化线损系统等的数据深入分析溯源，并对溯源到的数据进行数据抽取；第二步，围绕产业用能结构及成效分析、清洁能源运行实时监测与分析、红色景区及红色教育发展情况及用电监测分析、乡村振兴电力指数等四大主题，开展15个业务分析场景的建设；第三步，依托各项电力指标数据，开展H县生活富裕指数、农业发展指数、产业兴旺指数与乡村振兴电力指数模型的构建；第四步，模型输出，以可视化报表形式展示，服务于营销、数字化、调度等部门相关专业人员。

（一）数据来源

该产品数据主要来源于能源互联网营销服务系统、一体化线损系统与用电信息采集系统，并融合线下人工梳理的行业产值、人均收入以及耕地面积等数据，实现内外部数据融合，构建用电结构分析、规上企业分析、红色文化电亮文明等多个业务分析场景（图1-3）。

（二）模型构建思路

依托能源互联网营销服务系统各行业用电数据、H县各乡镇耕地面积与人口等档案数据、城镇化率与人均GDP等经济数据，构建生活富裕指数模型、农业发展指数模型、产业兴旺指数模型；利用层次分析法、熵权法、模糊权重矩阵等算法，构建乡村振兴电力指数模型（图1-4），科学合理地展示各地区乡村振兴发展成果，助力地区均衡发展。

第一章 责任担当服务社会治理

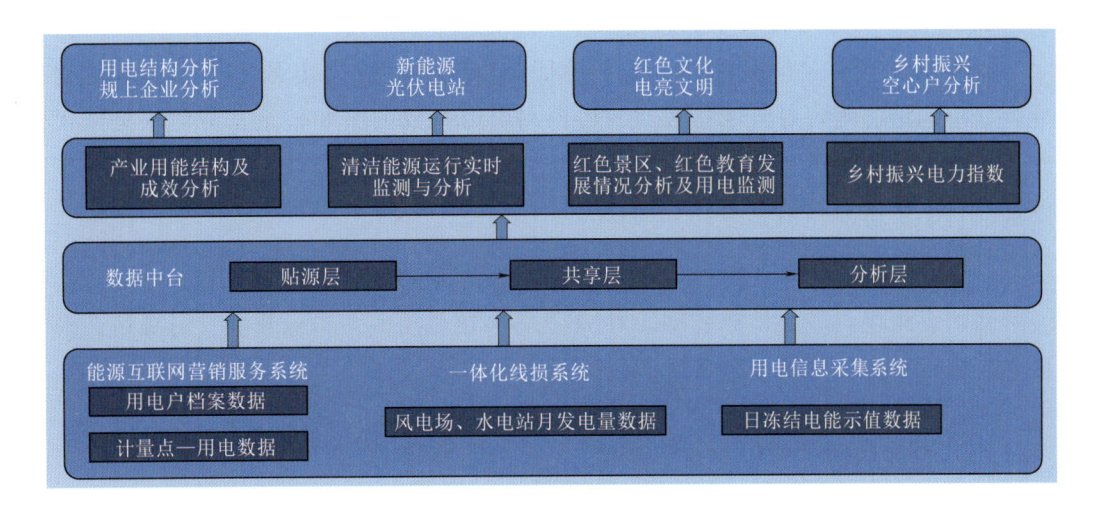

图 1-3 数据来源架构图

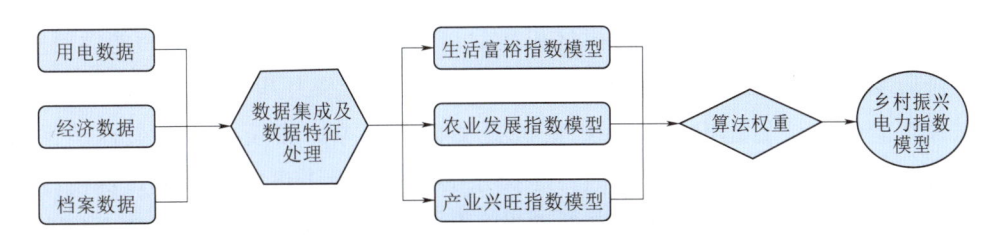

图 1-4 乡村振兴电力指数模型

(三) 模型构建

1. 各分项指数计算过程

（1）生活富裕指数：计算各乡镇户均年用电量与相应标杆值（乡镇户均用电量的均值加一倍标准差作为标杆）的比值，将比值标准化，转化为 0~100 的分值，作为各乡镇电力消费指数。

（2）农业发展指数：计算亩均年用电量与相应标杆值（乡镇亩均年用电量均值加一倍标准差作为标杆）的比值，将比值标准化，转化为 0~100 的分值，作为各乡镇农业发展指数。

（3）产业兴旺指数：计算某乡镇工商业年用电量在该乡镇全社会用电量的占比，再计算出该乡镇工商业年用电量的占比与相应标杆值（乡镇工商业年用电量均值加一倍标准差作为标杆）的比值，将比值标准化，转化为 0~100 的分值，作为各乡镇产业兴旺指数。

2. 乡村振兴电力指数模型构建

根据各乡镇电力指标数据，基于特征分析算法计算得出各因子影响程度得分；利用熵值法确定各分项指数对乡村振兴电力指数的影响权重，最终根据欧氏距离算法，按照生活富裕指数：产业兴旺指数：农业发展指数＝2∶4∶4的比例构建乡村振兴电力指数模型。

（四）模型分析结果

基于乡村振兴电力指数模型，对H县各乡镇各项电力指标数据进行分析，形成各乡镇乡村振兴电力指数成果。

四、成效总结

通过H县革命老区振兴展示平台的建设，一是助力光伏运维人员及时把控异常电站情况，进而提高运维效率，降低运维成本，强化光伏精益运维水平，提高光伏扶贫电站发电量，切实增强扶贫成效；二是借助对H县新能源的能源类型、潮流流向及发电情况的多维度分析，深度展现以新能源为基石的潮流网架结构，为未来新能源的规划建设以及电能输送提供数据支撑，加强新能源就地消纳管控，有力推动"双碳"目标达成；三是全方位展示革命老区振兴成果，深度挖掘电力大数据价值，强化电网规划建设成果，加大新能源建设力度，提升乡村生态化水平，全力助推乡村振兴。

第三节　区域空心户识别

一、背景介绍

随着工业化和城镇化进程的不断加快，农村青壮年劳动力大量涌入城市务工，老人儿童留守村庄，农村常住人口显著减少，在农村形成了一种特殊现象——空心户。空心户问题日益突出加剧了空心村现象，造成政府在项目资金安排、基础设施配套建设等方面效益不高，并衍生出土地、房屋和宅基地闲置、产业发展动力不足、乡村环境治理难度大等现实问题。

为贯彻落实《中共中央　国务院关于全面推进乡村振兴加快农业农村现代化的意见》，国网H市供电公司与市人民政府密切合作，聚焦大数据应用需求，利用电力大数据快速识别空心户，精准测算农村空心率，协助政府提高社会治理能力和管理水平，巩固拓展脱贫攻坚成果，助力乡村振兴战略实施。

二、产品详情

基于电力数据精准到户、实时准确、容易获取的特性,构建空心户模型,实现空心户的快速、精准识别,形成市、县区、乡镇3个维度的业务分析场景。

H市空心率一览主要以H市的视角,展示H市各县区空心户数、空心率、绝对空心率、绝对空心户比率变化趋势及空心户数量分布、空心率分布等情况。

县区空心率一览主要以各个县区的视角,展示县区下各乡镇空心户数、空心率,各乡镇空心率、绝对空心户率以及绝对空心户比率、空心率大于40%乡镇村落对应图等信息。根据月份与县区进行筛选,展示相应的数据。

乡镇空心率一览表(图1-5)以各个乡镇的视角,展示行政村绝对空心户数、某乡镇月度空心率变化趋势、当月各行政村空心率、绝对空心率以及绝对空心户比率、各行政村空心率箱型图、空心率大于20%村落对应图、各县区行政村空心率分布等信息。根据月份、县区、乡镇进行筛选,展示相应数据。

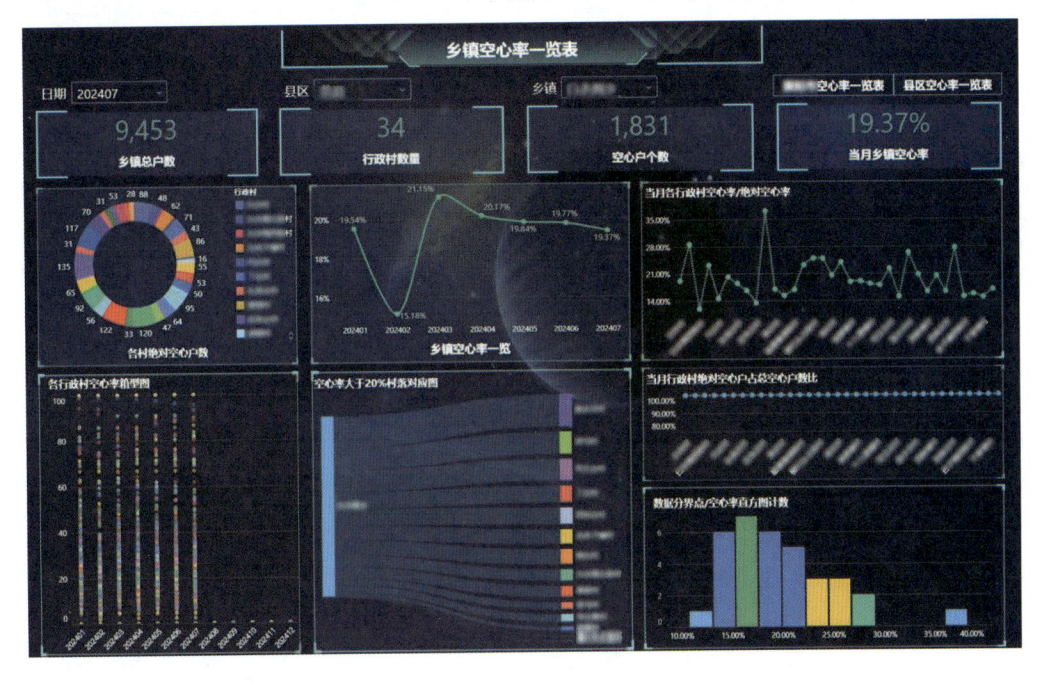

图1-5 乡镇空心率一览表

三、主要做法

H市空心户分析产品的主要工作分为五步:第一步,对该产品涉及的能源互联网营销服务系统与用电信息采集系统数据进行深入分析溯源，并对溯源到的数据进行数据抽取；第二步，数据预处理，包括数据清洗、数据整合、异常值处理、缺失值补全等；第三步，特征提取，根据H市用户日用电量情况，进行用电规律分析及特征提取；第四步，空心户识别模型的构建，依据K-means聚类算法开展空心户识别模型的构建；第五步，是模型输出，以可视化报表形式展示，服务于数字化、营销、配网等部门相关专业人员。

（一）数据来源

该产品数据主要来源于能源互联网营销服务系统与用电信息采集系统，依托地（市）数仓，按照对应近源层表以一比一复刻抽取，构建市、县（区）、乡（镇）三个维度的业务分析场景（图1-6）。

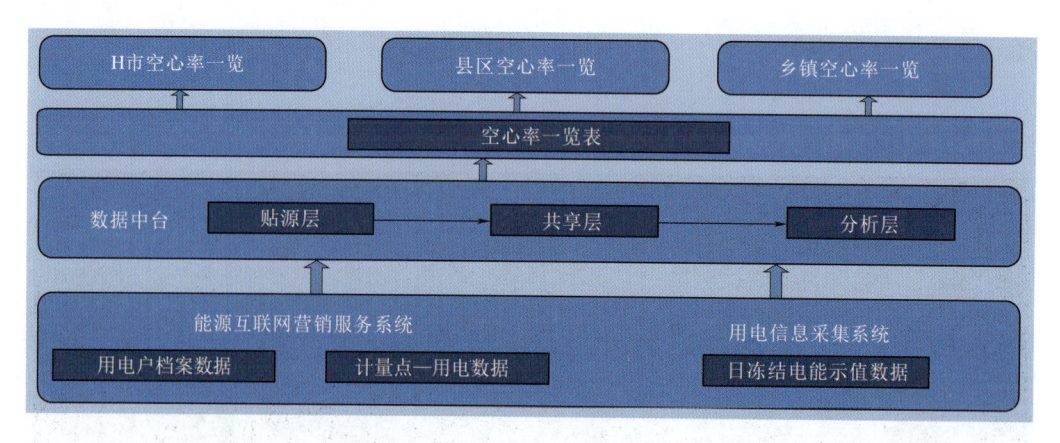

图1-6 数据来源架构图

（二）数据处理

1. 数据预处理

主要依托能源互联网营销服务系统与用电信息采集系统的数据，将异常数据、缺失数据进行数据规整，包含缺失值分析和处理、离群点处理等。

2. 特征提取

分析用户日电量数据，进行绝对非常住人口、相对非常住人口以及常住人口分类，统计每周工作日、非工作日平均用电量分析用户用电特征，有效降低单日误差影响。

（三）模型构建

该产品利用K-means聚类算法，随机选取三个中心点作为初始簇中心，将每个用电用户数据点分配到距离其最近的中心点所属的簇，重新计算每个簇的中心，即取簇内所有数据点距离簇中心距离的平均值，重复数据的分配、更新以及迭代过程，直至各个数据点到簇中心的距离不再变化，即完成绝对非常住人口、相对非常住人口以及常住人口三类用电用户的分类。

（四）模型分析结果

根据K-means聚类算法，对H县绝对非常住人口、相对非常住人口以及常住人口三类用电用户日用电数据进行聚类分析。

四、成效总结

空心户分析产品为H市政府分析人口流动、规划企业及村庄布局、建立防返贫动态监测及帮扶机制、检验扶贫成效、关怀空巢老人提供数据参考。成果形成以来，获得H市相关领导的批示肯定，相关经验被《国家电网动态》《人民日报》等内外部媒体刊发。

第二章

精准有力解读经济发展

第一节 电力数据看假日经济分析

一、背景介绍

国网公司根据国家战略和数字经济发展要求,作出"挖掘数据资源价值,加强数据产品开发,释放数据倍增效应"的重要工作部署,为积极响应政策号召,国网河南电力立足实际,主动对接政府,整合内外部数据资源,不断优化电力数据服务方式,以打造"电力看"系列数字产品为契机,持续开展电力看假日经济专题分析,助力政府掌握全省假日消费情况,为政府决策提供数据支撑。

二、产品详情

为充分挖掘电力大数据价值,直观反映假日经济运行态势,国网河南信通公司联合14家地市供电公司选拔优秀数据人才,成立数据分析柔性团队,根据河南省政府公布的182个商圈、580个星级旅游区名录数据,对商圈和旅游区共1万余家企业用户的假日电量数据进行分析,研判商圈旅游区的发展态势,同时结合全省4千万居民用户的假日用电数据,分析挖掘居民假日出行情况,共同把脉政府关注和需求,支撑相关部门及时掌握经济运行态势,推动经济高质量发展。

三、主要做法

假日经济分析专题工作主要采取四步工作:第一步,整合内外部数据,将电力数据和政府数据融合;第二步,构建模型指数,依托整合的数据基础,设计商圈、夜经济、假日出行等分析场景;第三步,建立联动推广工作机制,组建数据分析团队，省侧负责构建"电力看经济"系列场景、沉淀数据服务，地市负责对接政府需求、孵化个性场景，形成全省规模化应用；第四步，捕捉政府关注经济热点，面向政府提供电力看春节、五一、端午、双节等系列电力看经分析场景，为政府决策提供数据支撑。

（一）数据来源

为解决电力数据分析的单一性，内部数据整合能源互联网营销服务系统、用电信息采集系统、设备（资产）运维精益管理（PMS）系统等跨专业多类型数据，外部数据增加文化和旅游厅、统计局对景区商圈等的公开经济数据，在数据中台沉淀为电力数据＋政府数据的共性数据集，实现内外部数据融合（图2-1），夯实假日经济分析的数据基础。

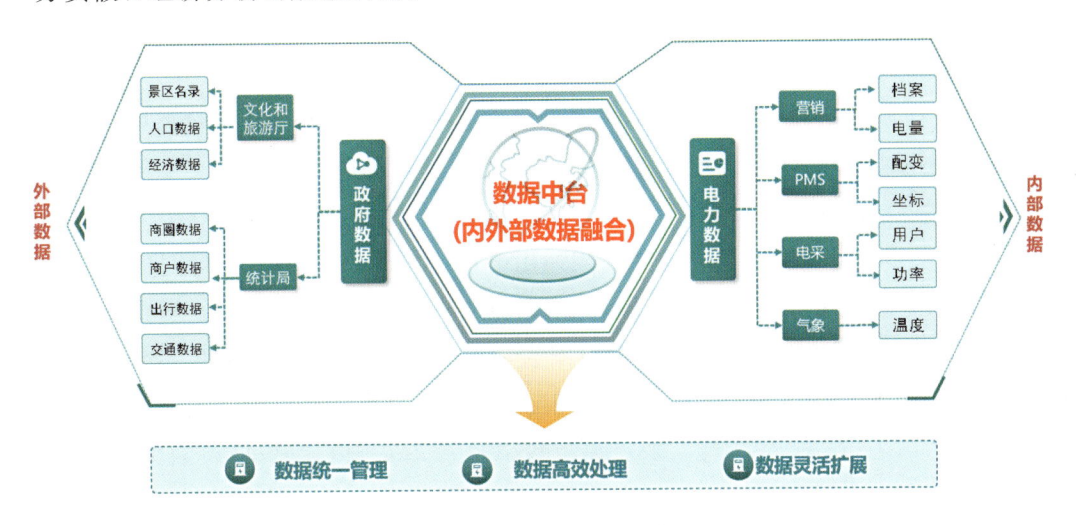

图2-1 内外部数据融合

（二）模型指数设计

1. 商圈指数设计

商圈活力综合得分＝0.2×营业时长得分＋0.2×电量同比得分
　　　　　　　　＋0.1×人口得分＋0.4×商圈活力指数得分
　　　　　　　　＋0.1×商圈行业生态得分

营业时长＝旅游区所属台区用电功率突增、突降两个节点间的时长

商圈活力指数得分＝（0.5×商圈达产率＋0.5×企业活跃度）×100

商圈达产率＝商圈本期电量/商圈上年同期电量

商圈活跃度得分＝商圈活跃企业数量/商圈企业总数

式中　商圈活跃企业数量——商圈本期的电量达到上年同期电量60%的企业数量。

商圈行业生态得分＝0.20×美食得分＋0.15×酒店得分＋0.30×购物得分
　　　　　　　　＋0.10×生活服务得分＋0.15×休闲娱乐得分
　　　　　　　　＋0.10×交通设施得分

式中　美食得分——基于百度地图 API 获取商圈范围内美食信息，其他得分同理可得。

城市商圈活力得分＝城市内商圈活力得分的均值

城市商圈活跃度得分＝城市内商圈活跃度得分的均值

式中　城市商圈活跃度得分——可依据该得分研判该城市商圈经营情况。

当城市活跃度得分≥70 分时，则判定该城市为高热城市；当 60 分≤城市活跃度得分＜70 分时，则判定该城市为中热城市；当城市活跃度得分＜60 分时，则判定该城市为低热城市。

2. 旅游区热度指数设计

通过旅游网站和百度地图获取旅游区档案、位置和范围，基于数据中台获取旅游区商户档案和近 4 年的用电量、用电功率数据，构造如下指标：

旅游区热度指数＝0.5×用电量得分＋0.2×星级评分
　　　　　　　＋0.2×用电量环比得分＋0.1×电量同比得分

城市旅游区热度指数＝城市内旅游区热度指数平均值

式中　城市旅游区热度指数——得分范围为 0～100，当城市旅游区热度指数≥70 分时，则判定该城市为高热城市；当 60 分≤城市旅游区热度指数＜70 分时，则判定该城市为中热城市；当城市旅游区热度指数＜60 分时，则判定该城市为低热城市。

3. 假日出行指数设计

是否出行：若节中日电量/基准日电量＜0.5，则认为出行，否则认为未出行。

基准日电量：节前和节后的平均日电量，只考虑日电量大于 0。

短期出行：用户出行天数为 1～2 天。

长期出行：用户出行天数为 3～5 天。

4. 夜市经济体综合评分指标设计

夜市经济体综合评分＝0.6×夜市营业时长得分＋0.4×夜间用电量同比得分

（三）工作机制建立

国网河南信通公司负责捕捉政府热点，通过打造"电力看经济"系列场景，固化沉淀数据分析服务的方式，为地市提供假日经济场景共性分析模型，同时组建"1＋N"柔性分析团队（1个省侧＋N个地市组建的团队），加强省市联动，深入发掘推进特色数据分析应用；地市公司与属地政府建立常态沟通机制，不断提升数字化应用能力，依托共性场景找个性需求，以孵化个性场景的方式精准服务经济发展与政府决策。

（四）报告输出

围绕政府关注的重点事项，把握社会热点主题，构建假日动态经济指数体系，面向政府形成一批"电力看经济"系列产品。如2022年春节期间，围绕着双循环企业的生产情况开展监测分析；2023年五一期间，围绕着疫情复苏后的景区经济开展监测分析；2023年端午期间，围绕政府出台的一系列支持夜经济发展的政策，开展夜经济监测分析；2023年十一期间，围绕着新冠疫情复苏后第一个八天长假，开展假日经济监测分析。

四、成效总结

2023年五一假期，编制的经济分析专题报告，对内获得了2023年国网大数据典型优秀案例的荣誉，对外获得省部级批示的认可。

创新假日经济"1＋1＋N"分析模式（1份经济专刊画册＋1份省份经济分析报告＋N家地市分析报告），沉淀共性数据服务，支撑地市开展个性化专题分析，形成以共性为主、支持个性的省市联动数据分析机制。

形成"一地一策一指数"数字化地图，基于商圈监测分析，持续拓展"电力看经济"系列产品，结合地市经济热点，因地施策，逐步实现数据地图全覆盖，为政府经济发展提供多维数据支撑。

第二节 电力看商圈经营监测分析

一、背景介绍

2019年8月，国务院办公厅下发《关于加快发展流通促进商业消费的意见》（国办发〔2019〕42号），鼓励主要商圈和特色商业街与文化、旅游、休闲等紧密结合，加大投入，打造夜间消费场景和集聚区，完善夜间交通、安全、环境等配套措施，提高夜间消费便利度和活跃度。

国网河南电力充分利用电力数据优势，结合政府需求，从独特的电力视角出发探索一套全面、科学的城市商圈景气评价体系，有效协助政府把握城市商圈发展状

第一篇
支撑国家科学治理篇

态，为政府及时研判商圈经济发展态势、制订地方经济决策提供可靠数据支撑。

二、产品详情

商圈经营情况监测分析产品共分析商圈百余个，商圈商户共 9 万余个，涉及十大行业。为了全面捕捉商圈的经营动态，产品构造了 28 项商圈经营监控指标，涵盖商圈活跃度指数、商圈达产率指数、商圈活力指数、商圈电力评价指数、商圈人口密度评价指数、商圈行业生态评价指数和商圈综合活力评分等。

为直观展示分析结果，建立总体展览、全省商圈经营情况分析、城市商圈经营情况分析和商圈经营对比分析四个一级界面，商圈月度综合评分、商圈详情和方法注释等十二个二级界面。

总体展览页面展示全省商圈商户数量分布、商圈综合得分排名、商圈月度用电规律、商圈商户行业分布、城市商圈用电规律等模块。

全省商圈经营情况分析页面构建商圈营业水平评价模型，通过明细列表，展示全省各城市商圈各项数据指标表现，反映商圈整体经营状况。

城市商圈经营情况分析页面（图 2-2）展示城市商圈活力排名、城市商圈用电量、城市商圈行业月用电量、城市商圈行业用电分析以及城市商圈对比五个模块，对比各城市之间商圈经营表现。

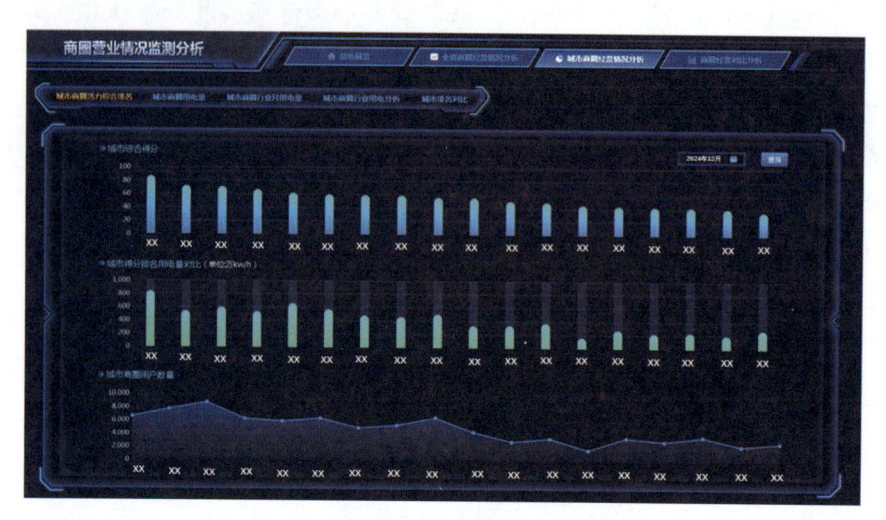

图 2-2 城市商圈经营情况分析页面

商圈经营对比分析页面基于商圈营业水平评分，从构建商圈营业水平的八个维度（城市常住人口、综合电力能耗、城市商业用电量、商圈生态完整性、商圈总用电量、商圈营业用电时长、商圈商业用电量、商圈居民用电量）进行分析，形成两个商圈的综合对比分析结果。

三、主要做法

电力看商圈的主要工作有两个重点：第一是准确定位并识别商圈商户，根据政府文件中城市商圈定义划分商圈范围，定位商圈用户，结合用电数据，使用Means Shift算法建立聚类模型，聚类出真实的商圈商户特征，剔除商圈内非商业用户；第二是构建城市商圈景气评价体系，结合政府需求，围绕商圈关注指数、人流指数、营业指数、人口指数和交通指数5个维度对内外部数据进行清洗、整合，并通过应用层次分析法科学设置各项指标权重，构建反映商圈景气情况的评价指标体系，通过划分档位、星级，全面直观评价城市商圈。

（一）数据来源

通过数据中台获取能源互联网营销服务系统、用电信息采集系统、设备信息管理等信息系统中电力用户的档案数据、空间位置数据、电量数据等内部数据；通过互联网各大平台获取商圈名录、商圈坐标、商圈人流量、营业时长、商圈周边小区人口数量、商圈周边交通配套数量等外部数据（表2-1）。

表2-1　　　　　　　商圈外部数据表

外部数据				
序号	数据名称	数据内容		数据来源/依据
1	商圈基础信息	商圈名称		政府文件
		商圈范围		政府文件
		商户名称		百度地图、高德地图等
2	关注指数	抖音搜索数量		抖音
		百度搜索数量		百度
		大众点评评分		大众点评
		大众点评评价数量		大众点评
3	人流指数	人流量		三大运营商
		人流量环比增长率		百度
4	营业指数	营业时长		百度地图、高德地图、大众点评
5	人口指数	周边小区人口数量		三大运营商
		周边小区入住率		实际入住人口数量/小区人口数量
6	交通指数	周边地铁口数量		百度地图、高德地图
		周边交通配套数量		百度地图、高德地图

(二) 数据清洗

为确保分析结果的准确性，产品采用了多重方式对接入数据进行清洗、转换，主要包括以下方法。

1. 缺失值处理

对于缺失值进行填充，在考虑数据分布的情况下对于原始数据中的用电量缺失值采用KNN算法填充和均值填充两种方法进行处理。

2. 异常值处理

对于用电量异常值主要是进行数据的分箱处理。首先确定数据上下边界，其次判断目标数据是否在界限内，最后识别出异常值，采用均值填充算法对异常值进行处理。

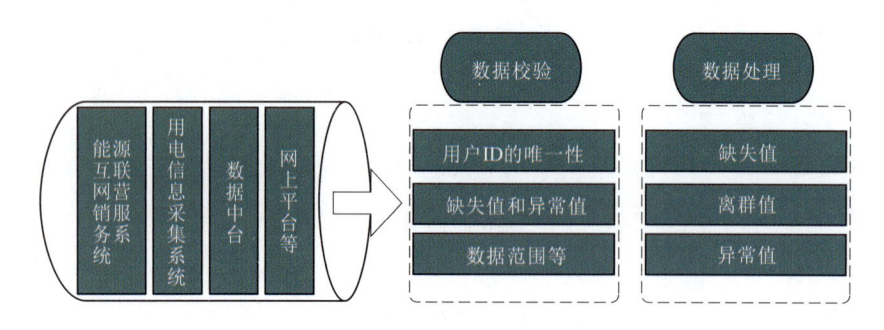

3. 数据归约化方法

数据归约化方法（图2-3）可消除各项末端指标的不同量纲和单位的影响，以解决数据指标之间的可比性。原始数据经过数据标准化处理后，各指标处于同一数量级，使得数据指标可以进行有效的综合对比评价，以便算法模型从不同维度做评价分析，加快模型的训练速率，提高特征表达的准确性。

图2-3 数据归约化方法

(三) 模型算法设计

1. 商圈聚类模型

基于电力用户经纬度坐标从能源互联网营销服务系统中抽取商圈电力用户档案、用电电量等数据，根据用户用电量随时间波动规律、用户行业类型、专公变信息、接线方式、计量点类型和计量点位置信息等数据，利用Means Shift算法建立聚类模型，结合商圈商户判定规则（表2-2），聚类出真实的商圈商户（图2-4）。模型结果中"0"商户为商圈商户，"1"商户则归为非商圈商户。

表 2-2　　　　　　　　　　　商圈商户判定规则表

变量名	特　征　规　则
地理位置	根据经纬度信息计算商圈商户应在以商圈为中心半径 1600m 以内
行业类别	餐饮/住宿/批发/零售/保险业/食品制造业/租赁业/工艺品及其他制造业/房地产业/证券业/银行业/其他金融活动/卫生/社会福利业/邮政业/电信和其他信息传输服务业/文化艺术业/商务服务业/农副食品加工业/娱乐业/建筑安装业/饮料制造业
非周末电量/周末用电量	商圈商户用电量规律符合周末电量高且非周末电量低
非节假日用电量/节假日电量	商圈商户用电量规律符合节假日电量高且非节假日电量低

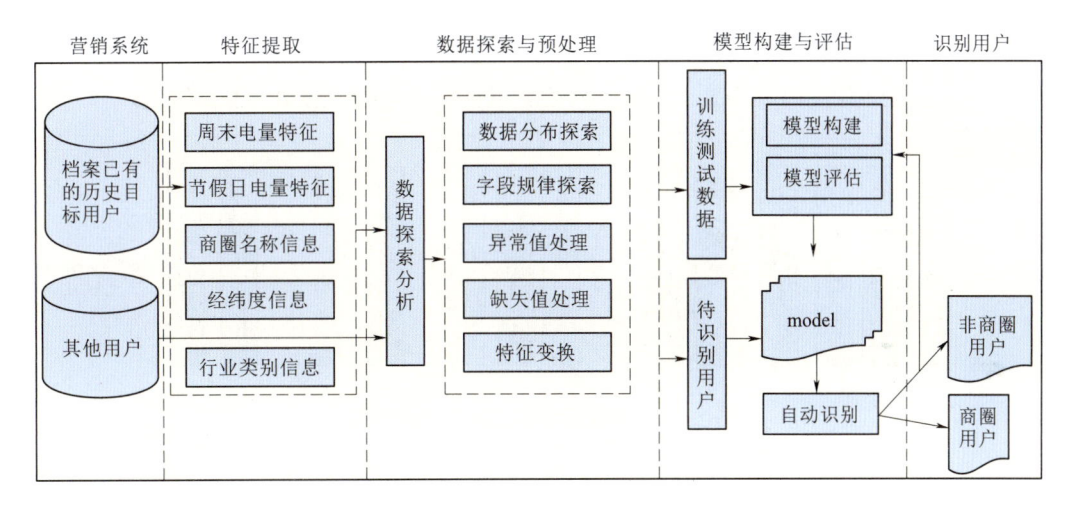

图 2-4　商圈聚类过程图

商圈聚类结果见图 2-5。

2. 城市商圈景气指标评价

(1) 构建多维城市商圈景气评价指标体系模型。

通过对政府部门的需求调研，结合专家指导意见，充分融合内外部数据，选取 13 项末端因子（图 2-6），从商圈关注指数、商圈人流指数、商圈营业指数、商圈人口指数和商圈交通指数 5 个维度构建商圈综合景气指数，评价商圈景气情况。这五大指数的数值越高，表明商圈的经济活力越旺盛，商业环境越繁荣。

城市商圈景气评价模型构建过程，见图 2-7。

	cons_id	week	week_dcl	holiday	holiday_dcl	聚类结果
0	286963737	0.000000	0.000000	0.000000	0.000000	0
1	286963738	0.173413	0.410804	0.078663	0.001069	0
2	286963739	0.617628	0.999900	0.235653	0.002086	0
3	286963740	0.000000	0.000000	0.000000	0.000000	0
4	286963789	0.000000	0.000000	0.000000	0.000000	0
...	...	...	...	...	...	...
78857	7639254515	0.000000	0.000000	0.000000	0.000000	1
78858	7639331822	0.569708	1.393794	0.221701	0.081879	1
78859	7639777203	0.387156	0.799239	0.118480	0.003463	1
78860	7640068710	0.000000	0.000000	0.000000	0.000000	1
78861	7640294671	0.000000	0.000000	0.000000	0.000000	1

图 2-5　商圈聚类结果（指标已归一化）

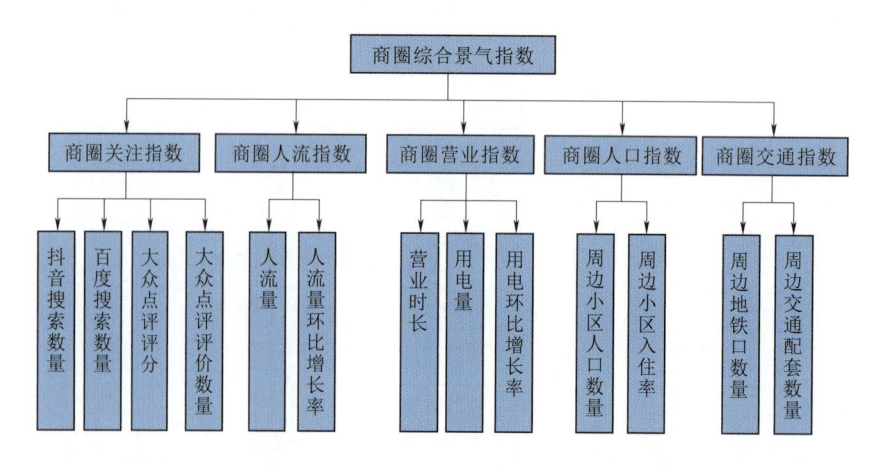

图 2-6　商圈综合景气评价指标体系

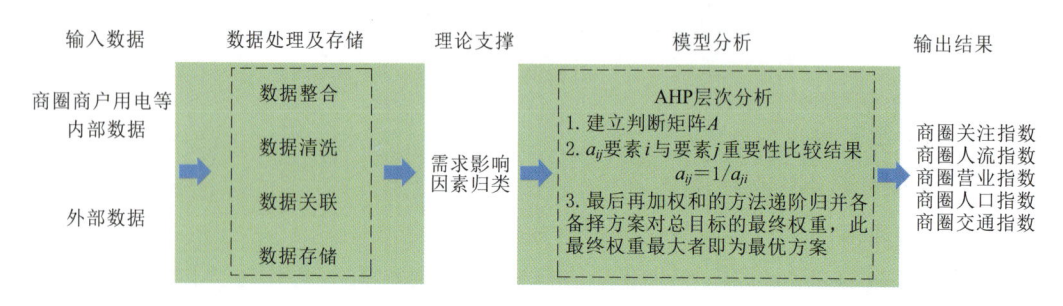

图 2-7　城市商圈景气评价模型

其中五大指数的定义和算法设计如下：

［商圈关注指数］

定义：依据抖音搜索数量、百度搜索数量、大众点评评分和大众点评评价数量衡量商圈在网络上的受关注程度（表 2-3）。

$$商圈关注指数 = x_{11} 抖音搜索数量 + x_{12} 百度搜索数量$$
$$+ x_{13} 大众点评评分 + x_{14} 大众点评评价数量$$

式中 x_{11}、x_{12}、x_{13}、x_{14}——商圈综合景气指数中最底层指标的综合权重系数。

表 2-3　　　　　　　　　　商圈关注指数指标

指　　标	定　　义	作　　用
抖音搜索数量	用户在抖音 App 搜索某个商圈数量	衡量大众对商圈有意向程度
百度搜索数量	用户在百度 App 搜索某个商圈位置数量	衡量大众对商圈有意向程度，与百度搜索数量对比分析
大众点评评分	用户通过大众点评 App 对商户进行评分	反映用户对商户的满意程度
大众点评评价数量	用户通过大众点评 App 对商户进行评价的数量	主要用于衡量大众点评评分

[商圈人流指数]

定义：依据人流量和人流量环比增长率数据衡量商圈线下被访问热度（表 2-4）。

$$商圈人流指数 = x_{21} 人流量 + x_{22} 人流量环比增长率$$

表 2-4　　　　　　　　　　商圈人流指数指标

指　　标	定　　义	作　　用
人流量	商圈用户的流动数量	衡量商圈受大众欢迎程度
人流量环比增长率	商圈用户的流动数量环比上月增长百分比	分析商圈经营状况

[商圈营业指数]

定义：依据营业时长、用电量和用电量环比增长率衡量商圈实际经营状况（表 2-5）。

$$商圈营业指数 = x_{31} 营业时长 + x_{32} 用电量 + x_{33} 用电量环比增长率$$

表 2-5　　　　　　　　　　商圈营业指数指标

指　　标	定　　义	作　　用
营业时长	商圈营业时间	反映商圈消费活动的景气水平
用电量	商圈商户用电量	分析商圈经营状况
用电量环比增长率	商圈商户用电量环比上月增长百分比	反映商圈用电增长情况

[商圈人口指数]

定义：依据周边小区人口数量和周边小区入住率衡量商圈周边人口密度（表2-6）。

$$商圈人口指数 = x_{41} 周边小区人口数量 + x_{42} 周边小区入住率$$

表2-6　　　　　　　　　商圈人口指数指标

指　　标	定　　义	作　　用
周边小区人口数量	每个商圈周边小区覆盖人口总数	衡量商圈周边的人口密度
周边小区入住率	商圈周边小区实际入住人数/商圈周边小区覆盖人口总数	衡量商圈周边的人口密度

[商圈交通指数]

定义：依据商圈周边地铁口数量、周边交通配套数量衡量商圈周边交通配套设施状况（表2-7）。

$$商圈交通指数 = x_{51} 周边地铁口数量 + x_{52} 周边交通配套数量$$

表2-7　　　　　　　　　商圈交通指数指标

指　　标	定　　义	作　　用
周边地铁口数量	每个商圈周边的地铁数量	反映商圈周边交通配套设施状况
周边交通配套数量	每个商圈周边的公交数量	反映商圈周边交通配套设施状况

[商圈综合景气指数]

商圈综合景气指数由商圈关注指数、商圈人流指数、商圈营业指数、商圈人口指数、商圈交通指数五个指标加权计算（表2-8）。

$$商圈综合景气指数 = x_1 商圈关注指数 + x_2 商圈人流指数 + x_3 商圈营业指数 + x_4 商圈人口指数 + x_5 商圈交通指数$$

表2-8　　　　　　　　　商圈综合景气指数指标

指　　标	定　　义	作　　用
商圈关注指数	用户在互联网平台对商圈的关注度	衡量大众对商圈的关注程度
商圈人流指数	用户在商圈的人流量和人流环比增长率	衡量商圈对大众的吸引程度
商圈营业指数	商圈本身的用电量和营业时长	反映商圈消费吸引力
商圈人口指数	商圈周边小区人口数量、周边小区入住率	主要用于衡量商圈的人口密度
商圈交通指数	商圈周边地铁口数量、交通配套数量	衡量商圈交通配套发展情况

（2）层次分析法求解商圈综合景气指数各权重系数。

首先，对商圈综合景气指数下级的各项指标进行正向归一化，统一数据幅度，消除不同量纲对模型的影响。归一化公式为

$$x = \frac{x - x_{\min}}{x_{\max} - x_{\min}}$$

其次，结合专家指导意见，以层次分析法构造判断矩阵，获取指标的主观权重，再求解各层次判断矩阵，获得各比率指标客观权重（表 2-9～表 2-13）。

表 2-9　　　　　　　　　　商圈关注指数判断矩阵

商圈关注指数	抖音搜索数量	百度搜索数量	大众点评评分	大众点评评价数量
抖音搜索数量	1	1/2	1/7	1/5
百度搜索数量	2	1	1/7	1/5
大众点评得分	7	7	1	1/7
大众点评评价数量	5	5	7	1

表 2-10　　　　　　　　　　商圈人流指数判断矩阵

商圈人流指数	人流量	人流量环比增长率
人流量	1	1/3
人流量环比增长率	3	1

表 2-11　　　　　　　　　　商圈营业指数判断矩阵

商圈营业指数	营业时长	用电量	用电量环比
营业时长	1	1/5	1/7
用电量	5	1	1/3
用电量环比增长率	7	3	1

表 2-12　　　　　　　　　　商圈人口指数判断矩阵

商圈人口指数	周边小区人口数量	周边小区入住率
周边小区人口数量	1	3
周边小区入住率	1/3	1

表 2-13　　　　　　　　　　商圈交通指数判断矩阵

商圈交通指数	周边地铁口数量	周边交通配套数量
周边地铁口数量	1	1/2
周边交通配套数量	2	1

最后，综合主客观权重获得 x_{ij}，从而获得五项二级指标的数值。再按照同样的计算方式求解五项指标的综合权重获得 $x_i (i=1,2,3,4,5)$，按照权重得出最终的商圈综合景气指数排名（图 2-8）。

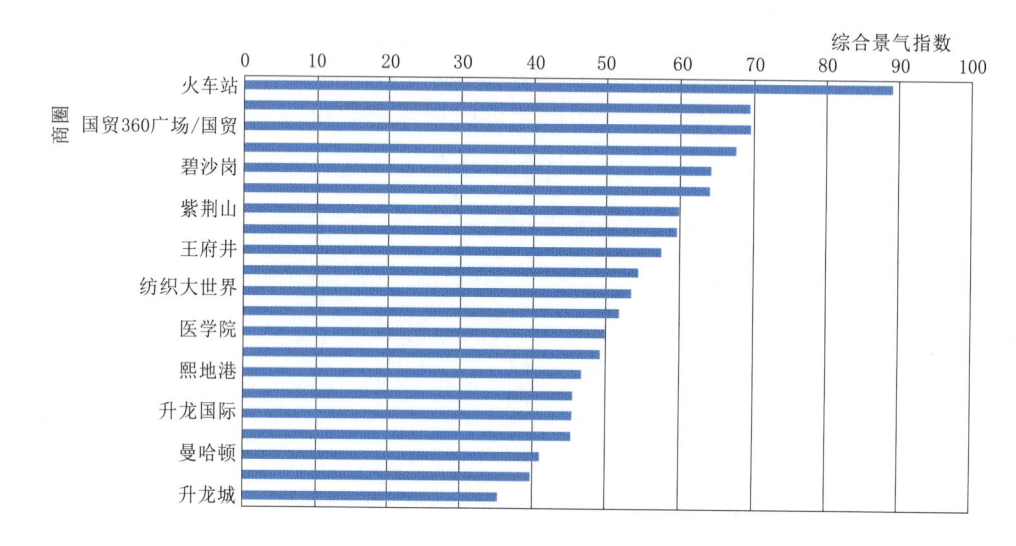

图 2-8 城市商圈综合景气指数排名

以城市商圈景气评价体系为基础，对商圈综合景气指数及五项二级指标的表现值分别划分评价档位（表 2-14）。

表 2-14　　　　　　　商圈综合景气指数评价档位

序号	指标名称	表现值 z 区间	评价档位
1	商圈景气综合指数	$80 < z \leqslant 100$	A（优秀）
		$75 < z \leqslant 80$	B（良好）
		$45 < z \leqslant 75$	C（一般）
		$25 < z \leqslant 45$	D（较差）
		$0 < z \leqslant 25$	E（低下）
2	商圈关注指数	$80 < z \leqslant 100$	A（优秀）
		$75 < z \leqslant 80$	B（良好）
		$45 < z \leqslant 75$	C（一般）
		$25 < z \leqslant 45$	D（较差）
		$0 < z \leqslant 25$	E（低下）
3	商圈人流指数	$80 < z \leqslant 100$	A（优秀）
		$75 < z \leqslant 80$	B（良好）
		$45 < z \leqslant 75$	C（一般）

续表

序号	指标名称	表现值 z 区间	评价档位
3	商圈人流指数	$25<z\leqslant45$	D（较差）
		$0<z\leqslant25$	E（低下）
4	商圈营业指数	$80<z\leqslant100$	A（优秀）
		$75<z\leqslant80$	B（良好）
		$45<z\leqslant75$	C（一般）
		$25<z\leqslant45$	D（较差）
		$0<z\leqslant25$	E（低下）
5	商圈人口指数	$80<z\leqslant100$	A（优秀）
		$75<z\leqslant80$	B（良好）
		$45<z\leqslant75$	C（一般）
		$25<z\leqslant45$	D（较差）
		$0<z\leqslant25$	E（低下）
6	商圈交通指数	$80<z\leqslant100$	A（优秀）
		$75<z\leqslant80$	B（良好）
		$45<z\leqslant75$	C（一般）
		$25<z\leqslant45$	D（较差）
		$0<z\leqslant25$	E（低下）

在对单个商圈及区域商圈的评价中，根据五项二级指标的评价档位划分星级。当1项二级指标评价档位在C以上时，得到1颗星，结合商圈综合景气指数档位，得出商圈或区域的景气评价作为模型输出结果。如"五星A级""四星A级""二星C级"等（表2-15）。

表2-15　　　　　　　　商圈景气指数档位划分举例

表现值区间	景气综合指数	关注指数	人流指数	营业指数	人口指数	交通指数
$80<z\leqslant100$	A	A	A	A	A	A
$75<z\leqslant80$	B	B	B	B	B	B
$45<z\leqslant75$	C	C	C	C	C	C
$25<z\leqslant45$	D	D	D	D	D	D
$0<z\leqslant25$	E	E	E	E	E	E

注：当1项二级指标评价档位在C以上时，得到1颗星。

　五星A级　　四星A级　　二星C级

(四)预测模型及结果分析计算

以火车站商圈为例,经过城市商圈景气评价模型输出其商圈关注指数为88.61(A)、商圈人流指数为49.51(C)、商圈营业指数为23.44(D)、商圈人口指数为39.60(D)、商圈交通指数为80.92(A),商圈综合景气指数评价为A,其星级评价为三星级。针对该商圈的指标表现,对其做出如下策略建议:火车站商圈为三星A级商圈,景气情况良好,建议从营业政策优惠、舆论导向等方面给予关注,进一步提升其发展投资价值。

四、成效总结

构建以政府需求为导向的多维度城市商圈景气评价指标体系,实现数据的实时计算和评价结果输出。在数智豫电平台上,对该产品进行了数据分析成果展示,全面展现各商圈的经营情况、发展特点,通过横向对比和评价,确定商圈的发展提升方向,发挥了电力数据在关联政府经济发展中的重要作用。

通过挖掘商圈用户数据与用电数据的潜在关系,对应用企业用电情况监测分析,为有关部门准确掌握企业生产经营规律、开展经济数据分析和政策决策提供数据依据,为商圈用户实施技术改造、能效管理提供进一步支撑参考。

以此类推即可触类旁通,本产品的研究成果及方法,可延伸至景区及夜间经济,全方位分析经济发展趋势,全面贯彻落实国网公司和省电力公司数据发展战略,充分发挥电力数据价值,助力智慧城市建设和地方经济快速发展。

第二篇

支撑绿色低碳发展篇

第三章

智能管理推动生态和谐

第一节 电力助环保企业管控生产分析

一、背景介绍

2020年12月份国网A市供电公司与A市生态环境局完成战略合作协议签约，国网A市供电公司联合A市生态环境局，在大气污染治理、绿电消纳、清洁能源替代等多个领域不断拓展合作领域，深化合作内容，推动环保数据和电力数据的深度结合，打造全国高科技环境治理典范，共同创新"环保＋电力"新模式，聚焦大数据应用，突出精准治污、科学治污、依法治污，积极推动"十四五"生态环境保护工作，实现省内电力数据增值服务零突破。

二、产品详情

基于环保减排档案、气象、重点污染源企业的用电量等内外部数据，开展企业用能监测、企业排污辨识分析、企业应急管控分析、散乱污识别分析，根据数据分析结果，进行污染态势推演、综合研判，及时向生态环境局提供决策依据。

（一）企业用能监测分析

依托于电力公司的用电信息采集系统电力数据，获取污染企业的用电信息，实现企业用能监测分析，实时监控环保企业重点污染设施的开启、运行和停机状态，可直观了解到全市污染企业的生产概况，并针对各项监测指标设置预警阈值，从而有效帮助环保部门及时了解企业的设备运行情况，依据污染情况及企业类型，提供针对性的管控措施建议，为环保部门制订科学精准的管控政策提供数据支撑。

(二) 企业排污辨识分析

通过实时监测企业电力数据及排污数据，开展电量数据和排污数据的关联分析，建立基于能耗的排污评价体系，将排污企业划分为高耗能高污染、高耗能低污染、低耗能高污染、低耗能低污染四个等级，据此为企业提供合理的生产计划，避免一刀切的关停方式，提升对企业监管精细化程度。系统还可精准分析企业排污情况，根据重点工业企业日排污数据，分析企业每千瓦时电量产生的排污量，进而挖掘相关行业排污规律、污染物排放与电力消耗数据的契合性，为污染源治理提供有力数据支撑，环保部门可通过定位企业耗能和污染级别，快速做出治理决策。

(三) 散乱污识别分析

开展散乱污识别分析，定期识别疑似散乱污企业并出具名单报送环保部门，有效解决环保部门工作人员逐一排查困境，节省成本。此外，环保工作人员可通过平台上传散乱污现场核查情况（图3-1），详细记录企业现场照片、问题描述、问责情况以及督察结果等信息，为环保部门追溯散乱污问题提供有力依据。同时，结合平台的实时监测企业用电功能，对已取缔的散乱污企业进行用电监控，防止其死灰复燃。

图 3-1 散乱污现场核查情况

(四) 企业停电管控

在重污染天气下，根据环保部门提供的停电限产企业清单，对管控企业开展用电监测分析，监控企业用电负荷变化，通过用电数据分析企业的生产经营情况，对未及时响应的企业进行预警通知。企业管控报表模块展示每日管控总数、未响应企业数量及未响应企业数量，并记录行业分布情况、未响应企业告警清单、企业管控类型占比，便于环保部门安排督查整改工作。建设企业停电管控体系，填补了生态环境局与企业之间的监管漏洞，有助于降低环保部门的监管执法成本和工作压力，对打好城市污染防治攻坚战有重要的意义。

(五) 企业详情分析

企业详情，通过实时监控污染企业的详细信息，包括环保信用评价、管控响应、执法信息、企业标签、企业散乱污特征识别、企业用电详细情况等数据，帮助环保部门掌握每个污染企业的污染程度和企业特征，便于对企业进行精细化管理，减少环保污染治理对企业的经营影响。

三、主要做法

电力智慧环保平台产品的主要工作分为三步：第一步，对历史散乱污企业用电数据进行深度挖掘和分析，提取特征；第二步，模型构建及流程梳理，说明模型的输入、输出以及预测逻辑；第三步，模型预测及验证优化，分析模型预测中出现的问题，并针对问题进行优化。

(一) 数据来源

电力智慧环保平台电力数据通过能源互联网营销服务系统、用电信息采集系统、PMS 系统获取，基于数据中台进行数据的关联、集成和存储，为数据分析和相关模型构建提供支撑。环保数据目前通过线下方式接入到项目数据库上，然后在云平台上与电力数据进行数据集成（表 3-1）。

表 3-1　　　　　　　　　　电力智慧环保平台数据

数据类别	数据项	数据来源
大气污染物浓度数据	PM2.5、PM10、SO_2、NO_2、O_3、CO	市生态环境局
	空气质量指数、空气质量分指数、综合指数	
	首要污染物	

续表

数据类别	数据项	数据来源
企业排污数据	废水主要包括 pH 值、氨氮、化学需氧量（COD）、总氮、总磷、累计流量、平均流量	市生态环境局
	废气主要包括氮氧化物、SO_2、CO_2、烟尘、CO、累计流量、平均流量	
气象数据	温度、湿度、降雨量、风力风向	从互联网获取
企业用电档案	企业名称、户号、计量点、电能表编号、位置	能源互联网营销服务系统
	企业经纬度坐标	电网空间地理信息平台
企业用电运行	电量、功率、所属变压器、变压状态	用电信息采集系统

（二）数据挖掘

散乱污企业电量特征分析，根据 A 市环保部门提供的散乱污企业信息清单，通过数据平台共关联 104 家企业电子档案信息，选取 2020 年 1 月至 2023 年 5 月企业用电量、所属行业、供电电压、电流、功率等数据，构建指标特征数据。从行业类型数量占比来看（图 3-2），综合零售、乡村居民、农业占比较多，分别

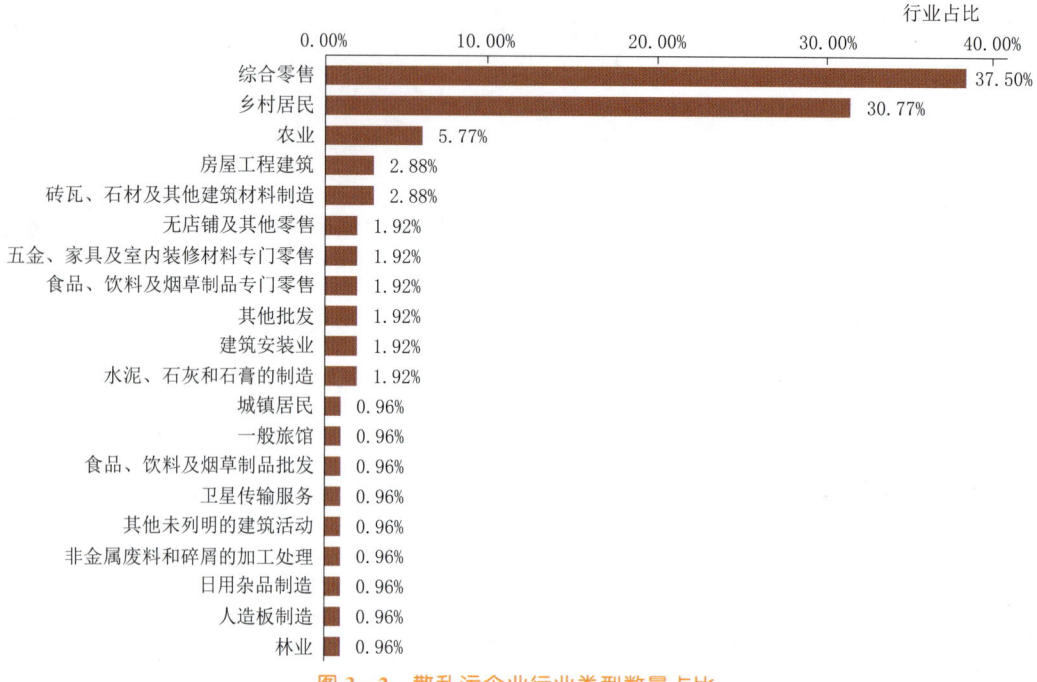

行业占比

综合零售	37.50%
乡村居民	30.77%
农业	5.77%
房屋工程建筑	2.88%
砖瓦、石材及其他建筑材料制造	2.88%
无店铺及其他零售	1.92%
五金、家具及室内装修材料专门零售	1.92%
食品、饮料及烟草制品专门零售	1.92%
其他批发	1.92%
建筑安装业	1.92%
水泥、石灰和石膏的制造	1.92%
城镇居民	0.96%
一般旅馆	0.96%
食品、饮料及烟草制品批发	0.96%
卫星传输服务	0.96%
其他未列明的建筑活动	0.96%
非金属废料和碎屑的加工处理	0.96%
日用杂品制造	0.96%
人造板制造	0.96%
林业	0.96%

图 3-2 散乱污企业行业类型数量占比

为37.50%、30.77%、5.77%。从日用电量来看（图3-3），2020年1月至2023年5月多数企业日用电量基本在100kW·h以内，部分企业用电呈阶段式突增，与同行业电量波动规律不符。

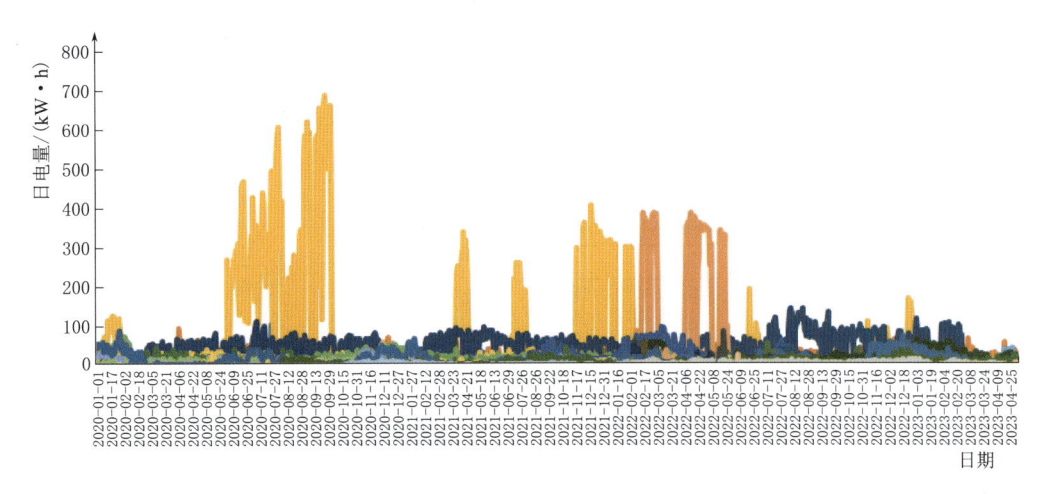

图3-3 散乱污企业日电量趋势图

（三）模型算法设计

根据生态环境局所提供散乱污企业和非散乱污企业的样本数据，提取正负样本的用电行为特征和档案特征，构建散乱污识别模型流程（图3-4），通过机器学习的方式捕捉与散乱污企业相关联的用电行为以及用户属性特征。

（四）预测模型及结果分析计算

模型训练结束后，用整体样本数据预测目标得到混淆矩阵（表3-2），其中1代表是散乱污企业，0代表非散乱污企业，行表示该类别的真实样本数量，列表示被模型预测为该类别的样本数量，从混淆矩阵可得到模型预测的查准率为97.92%，查全率为95.92%，模型预测效果较好。

表3-2 混 淆 矩 阵

混 淆 矩 阵		预 测 情 况	
		1（散乱污）	0（非散乱污）
真实情况	1（散乱污企业）	47	2
	0（非散乱污企业）	1	488

模型验证阶段，A市供电公司与A市生态环境局联合，根据模型预测的疑似散乱污清单进行现场排查验证，验证结果显示模型识别率为20%。通过深入分

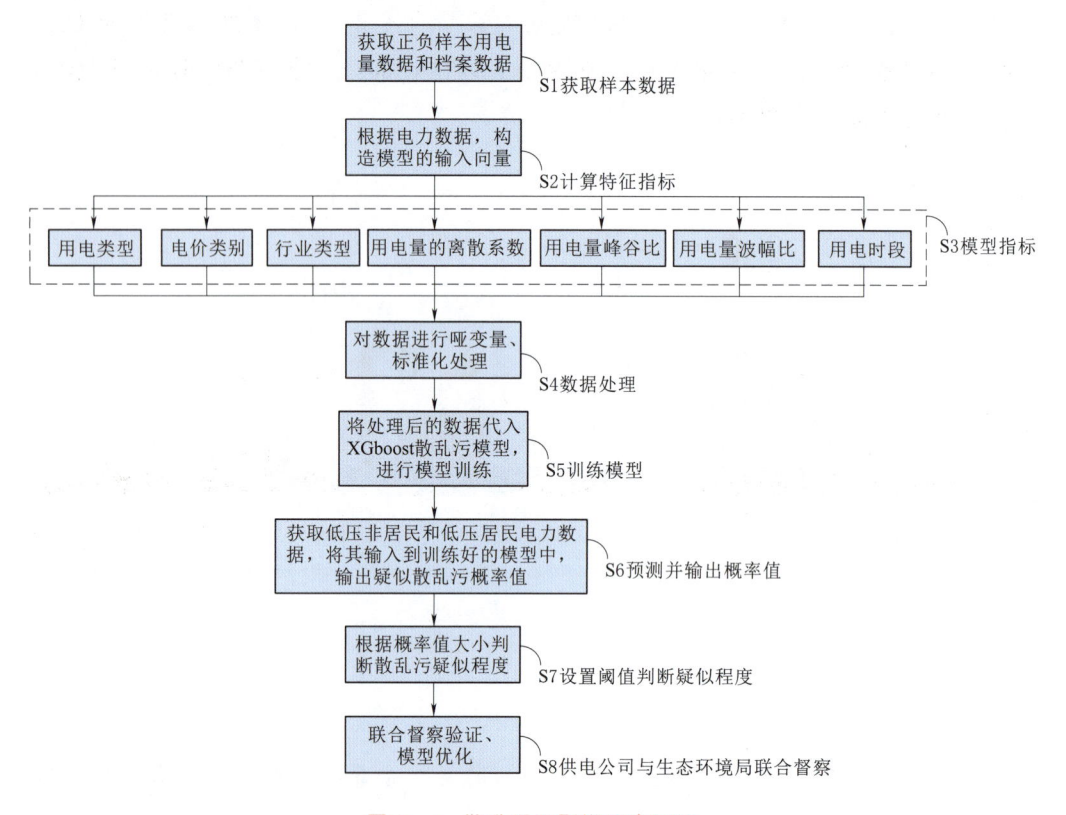

```
┌─────────────────┐
│ 获取正负样本用电 │ S1获取样本数据
│ 量数据和档案数据 │
└────────┬────────┘
         ↓
┌─────────────────┐
│ 根据电力数据，构 │ S2计算特征指标
│ 造模型的输入向量 │
└────────┬────────┘
  ┌──────┴──────┬──────┬──────┬──────┬──────┐
[用电类型][电价类别][行业类型][用电量的离散系数][用电量峰谷比][用电量波幅比][用电时段]  S3模型指标
         ↓
┌─────────────────┐
│ 对数据进行哑变量、│ S4数据处理
│ 标准化处理       │
└────────┬────────┘
         ↓
┌─────────────────┐
│ 将处理后的数据代入│
│ XGboost散乱污模型，│ S5训练模型
│ 进行模型训练     │
└────────┬────────┘
         ↓
┌─────────────────┐
│ 获取低压非居民和低│
│ 压居民电力数据，  │ S6预测并输出概率值
│ 将其输入到训练好的│
│ 模型中，输出疑似散│
│ 乱污概率值       │
└────────┬────────┘
         ↓
┌─────────────────┐
│ 根据概率值大小判 │ S7设置阈值判断疑似程度
│ 断散乱污疑似程度 │
└────────┬────────┘
         ↓
┌─────────────────┐
│ 联合督察验证、   │ S8供电公司与生态环境局联合督察
│ 模型优化         │
└─────────────────┘
```

图 3-4 散乱污识别模型流程图

析，预测结果不准确主要是以下两个原因：一是样本数据较少，可能导致模型无法捕捉到足够的特征，从而影响预测结果的准确性；二是外出打工居民用户、新冠疫情影响下商铺用电波形规律与散乱污用户用电规律相似，影响散乱污识别模型识别率。

针对问题对模型进行改造，以逻辑推导和人工经验规则为主、机器学习模型为辅，基于原有 XGboost 散乱污模型，考虑电力数据实际存在误差，融入人工经验和行业差异规则，优化原散乱污模型，提高模型泛化能力，使散乱污识别率达到近 70% 以上。

四、成效总结

电力智慧环保平台通过对 A 市 1 万多家企业的智能化监测管理，成功查处 32 户散乱污用户，助力精准执法，有效降低了环保部门的监管执法成本和工作压力，重污染管控期间推送违规企业，提升了环保执法人员的出勤成功率，实现 214 家企业排污等级分类，提高了排查针对性，增强了监管实效，对打好城市污染防治攻坚战有重要的意义。

第二节 电力看水资源以电折水评估

一、背景介绍

党的十九届五中全会明确提出，建立水资源刚性约束制度。国家已将保障水安全提升至国家安全战略高度，加强取水管理是严格水资源源头管控、强化水资源刚性约束的重要内容。

《水利部办公厅关于做好2022年取水监测计量体系建设有关工作的通知》（办资管〔2021〕346号）要求从2022年起重点支持地方开展取水监测计量体系建设，全面提升取水监管基础能力，对具备取水计量设施安装条件的农用灌溉机井应安装计量设施，暂不具备取水计量设施安装条件的，可采用"以电折水"等方法计量水量。

二、产品详情

国网河南电力按国网数字化部工作要求，开展水电数据跨界融合分析及创新应用，挖掘数据资源价值，释放数据倍增效应，服务国家水治理体系和治理能力现代化。国网河南电力积极对接河南省水利厅需求，按照水利厅指定的Q区域试点清单开展电力看水资源工作，探索构建"电力数据＋智慧水资源管理"政企合作新模式，助力国家推进水资源刚性约束制度实施，提升水资源管理能力和集约安全利用水平。

电力看水资源产品页面（图3-5）综合展示监测机井数、月用电量、月用水量、平均折水系数、年用电量和年用水量等分析数据，并且按照监测机井数（农业用水井/农村生活井）、机井月用水量（农业用水井/农村用水井）、机井深浅层（深层/浅层）、机井月用水量（深层/浅层）等维度展示机井的分布情况。

机井用电用水监测按总体、区域、趋势三个维度分析监测区域用电用水情况。其中，月用电量、月用水量按月进行用电统计，结合区域折水系数折算月用水量；用电用水区域分布展示每个区域的用水量和用电量；用电用水趋势分布展示当前用户所在单位近12个月用电量和用水量。

细化超限额用水预警综合展示各预警级别里超限额机井数量。机井的限额水量为取水许可证上的年度取水量，通过以电折水量与限额用水量比对，分析是否超限额用水。针对超限额用水量，以许可证用水量为基准线，低于基准线30％为

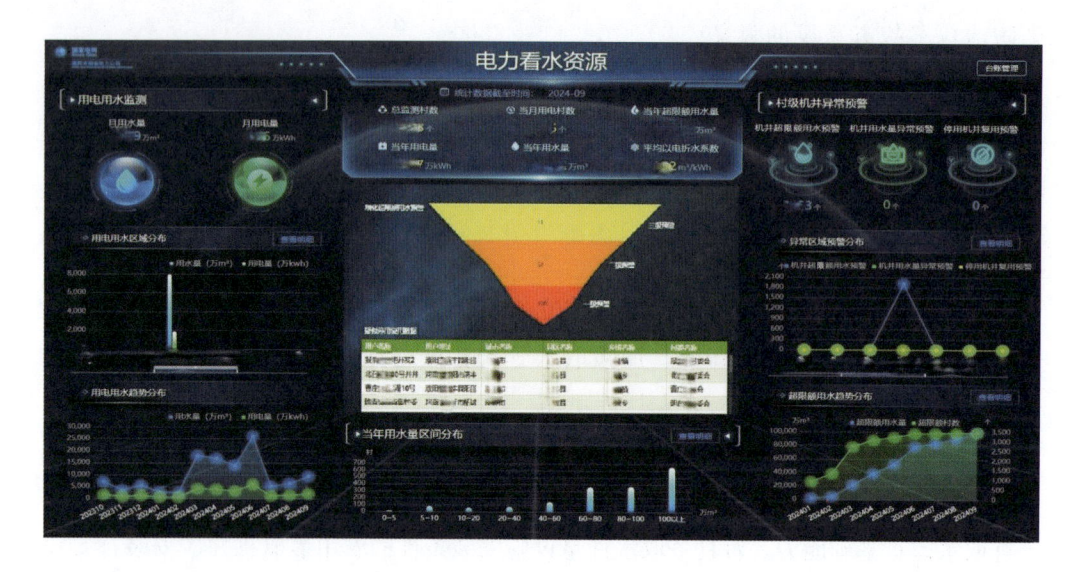

图 3-5　电力看水资源产品页面

三级预警，以黄色图标警示；位于基准线30%~80%区间内为二级预警，以橙色图标警示；超过基准线80%为一级预警，以红色图标警示。停用复用农灌用户模块每月定时监测该用户群体，当停用状态农灌用户产生用电数据时，即定义为农灌用户复用状态，进行复用监测预警提示。

机井异常预警展示当前用户所在单位（以村为最小统计单元）超限额用水机井数量、机井用水量异常数量和停用机井复用数量。其中，超限额用水机井数量基于用户所在单位机井，计算年度累计用水量和额定用水量，输出超限额用水村数；机井用水量异常数量基于用户所在单位机井，统计各村月用水量、所有村的平均月用水量，计算月用水量大于平均地区平均用水量10倍的村数；停用机井复用数量基于用户所在单位，统计机井状态为关停但用水量不为0的机井。

三、主要做法

电力看水资源产品的主要工作分为四步：第一步，对该产品涉及的能源互联网营销服务系统数据进行深入分析，并根据溯源到的表进行规则判定和逻辑梳理，提高最终结果的准确性；第二步，针对溯源数据进行数据处理，包含整理、清洗、转换、分析等环节；第三步，编写业务逻辑，对产品业务规则进行说明；第四步，部署数据产品，发布场景可视化页面。

（一）数据来源

1. 样本井计量准备

在实际应用中，监测点的布设对于监测结果的准确性和有效性具有至关重要的影响。因此需要综合考虑样本井的位置、易用性、安全性、环境因素、空间分布、时间分布等因素，科学建设确保监测结果的准确性和有效性。根据各区域农业灌溉特点，围绕灌溉方式、灌溉时间、季节、天气等维度，选取一定数量的机井作为典型样本井，支撑用电用水数据采集、分析工作。

2. 水电台账信息匹配

结合各区域农业灌溉用电规律、机井用电数据采集颗粒度等，实现水电信息数据匹配到村、井，形成水电监测信息基础台账，通过农业排灌信息、取水口与电表关系匹配及摸排，确保水电数据真实有效。

3. 监测数据采集汇总

综合考虑水利部门相关需求，采集机井用电、用水相关数据，其中：机井档案数据包括电力侧档案数据，如农灌台区、混合台区等信息；水利侧档案数据包括取水口编号、取水口名称、所属行政区域、经纬度等信息；样本井参数数据包括水表编号、液位计读数、管径、井深、水泵型号、水泵功率、水泵扬程、水泵启用时间、灌溉面积、灌溉作物等信息；电量数据包括电表编号或条形码编号、农灌台区电量、混合台区农灌用户电量等信息；样本井取用水计量数据包括瞬时流量、累计流量、水位及监测地区取用水量折算系数等信息。

4. 数据监测周期

电力看水资源、以水折电数据为按日统计更新，通过政务专线推送至水利部门，水利部门获取后在政务端加工后展示。

（二）数据挖掘

依据溯源后的数据表清单，结合水资源业务需求，开展宽表改造工作，做好模型部署的相关准备。开展关于模型使用涉及的 26 张中台贴源层数据表的梳理工作，基于表数据量、核心字段完整性等开展数据层面的基础核查工作，保证模型可基本运行。

1. 数据量核查

对 26 张中台基础表的数据量进行核查，一是数据是否为空；二是数据量是否有较大波动，如出现数据重复、数据缺失等情况，保证基础数据表的数据初步可用。

2. 核心字段完整性核查

核查模型中 26 张表涉及的 57 个核心关联字段的完整性，保证各基础表之间正常关联匹配，脚本正常运行。

3. 台区数据逻辑梳理

基于基层单位摸排台区数据，获取农灌用户数据，设定逻辑规则条件，提取计量点数据，梳理挂载台区数据（图3-6）。

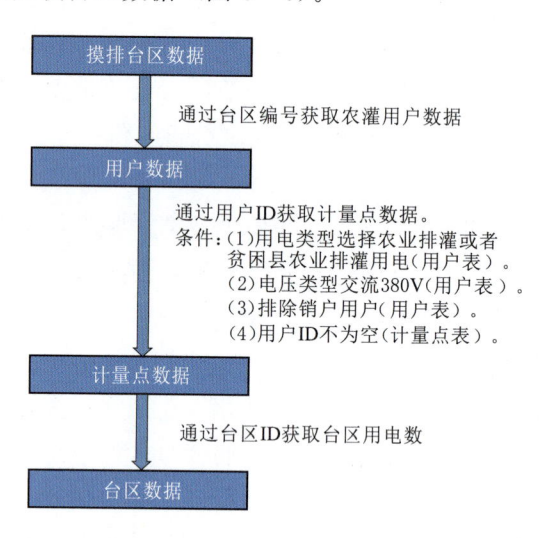

```
摸排台区数据
   │
   │ 通过台区编号获取农灌用户数据
   ▼
用户数据
   │
   │ 通过用户ID获取计量点数据。
   │ 条件：(1)用电类型选择农业排灌或者
   │       贫困县农业排灌用电（用户表）。
   │      (2)电压类型交流380V（用户表）。
   │      (3)排除销户用户（用户表）。
   │      (4)用户ID不为空（计量点表）。
   ▼
计量点数据
   │
   │ 通过台区ID获取台区用电数
   ▼
台区数据
```

图3-6 台区数据逻辑梳理图

（三）模型算法设计

1. 样本井的以电折水系数

根据各县安装样本井抽水时长大于15min的灌溉用水记录，根据累计用水量和累计用电量确定每个样本井的系数，即

$$样本井以电折水系数 = \frac{样本井累计用水量}{样本井累计用电量}$$

2. 区域内的以电折水系数

以区域内有效的用水记录进行测算，根据区域内所有样本井的累计用水量和累计用电量确定区域内的以电折水系数，即

$$区域内以电折水系数 = \frac{区域内样本井累计用水量}{区域内累计用电量}$$

3. 用电用水总量核算方面

通过水资源调查评价数据、取用水管控指标、取用水监测计量等各类基础数据，对监测区域用电用水总量、异常用水规模及以电折水系数等指标进行总体核算监测，辅助水利部门及时全面了解水资源管理现状。

4. 用电用水区域监测方面

构建省—市—县—乡镇—村五级行政区域穿透监测体系，为各级水主管部门

提供各层级用电用水规模及趋势分析、区域集中度分析、重点区域分析及以电折水系数监测，辅助水利部门制订差异化策略。

5. 用电用水趋势分析方面

结合温度、降水等气象数据，通过用电用水动态监测，对各区域、各类型（深、浅层）机井用电用水量趋势进行统计分析，展示农灌用水时空分布趋势，并基于用水规律、用水情况开展短期及长期研究预测。

6. 重大事件分析方面

结合土壤墒情，对比目标地区重大降水事件前后用电用水量增速及灌溉时间影响，分析降水事件对取用水影响，辅助水利部门科学核定计划用水指标及配额管理。

（四）预测模型及结果分析计算

基于典型灌溉井的地理位置、井深、井龄等机井信息，泵龄、下泵深度、水泵额定功率等水泵信息，灌溉方式、控制面积等灌溉信息，地下水埋深、流量、气象、土壤墒情等信息，结合用电档案与用电量等内部数据，对以电折水系数做相关性分析，选取最优的建模预测方法，从地域维度建立不同的电水折算模型，支持Q区域水利部门掌握农业排灌机井的实际取水量，实现地下水开采的精细化管理。

四、成效总结

国网河南电力设立典型高价值大数据服务，释放数据要素倍增效应，充分发挥电力大数据覆盖范围广、实时性和准确性强等特点，辅助Q区域水利部门科学制订取用水许可量，做到精准计量、科学管控，实现计划用水、科学节水，对各级水资源管理带来多方面直接、间接经济效益，有效解决取用水管理粗放、监管手段缺失问题，为推进政府能力现代化建设注入强大动力。

第三篇

赋能电网转型升级篇

第四章

全力以赴保障电力供应

第一节 迎峰度夏专项解读

一、背景介绍

夏季用户用电量普遍较高，电网负荷增大，加之高温、强对流恶劣天气对电网、设备安全运行影响严重，给供电可靠性带来巨大压力。供电公司需统筹做好电网运行调度，合理优化电网度夏运行方式，制订电网运行应急措施。基层人员在迎峰度夏期间，需加强电网巡检力度、提高设备维护和保养频率，并对高危及重点客户迎峰度夏用电安全隐患进行专项排查，运维压力大，人力成本高。为有效缓解夏季用电高峰基层人员工作压力，提升工作效率，国网河南电力基于各地市公司基层一线人员数据需求，建设完成了迎峰度夏专题场景，服务基层人员开展各项供电用电保障工作。

二、产品详情

为全面掌握迎峰度夏期间用户、台区、线路、主网用电情况，了解台区、线路、设备运行异常情况，该成果分别从高压用户用电信息统计，台区、线路频繁停电信息统计，光伏台区反向重过载，主网负荷四个模块统计分析（图4-1）。专题看板展示台区、线路停电次数，台区、线路停电原因分类，地市高压用户用电信息，用电类别用户占比，地市光伏台区反向重过载次数，反向重过载类型占比，主变、线路重过载次数，主变、线路最大负载率等指标数据。

在高压用户用电信息方面，通过贯通能源互联网营销服务系统高压用户用电

图 4-1 整体概览

类型、电价、电费等业务数据，统计用户每月用电量，添加用户筛选，实现对特定用户历史月份用电情况的快速查询。在台区、线路频繁停电信息统计方面，根据供电服务指挥系统区域停电数据，统计台区、线路累计停电次数，展示近期频繁停电台区及线路相关信息。在主网负荷方面，统计主变、线路发生重过载次数及每次重过载异常时间，主要展示主变、线路发生重过载情况，反映主网运行状况。在光伏台区反向重过载方面，统计光伏发电台区发生反向重过载数据，根据不同的异常类型，展示光伏台区重过载的相关运行信息。

三、主要做法

该产品数据主要来源于能源互联网营销服务系统、用电信息采集系统、供电服务指挥系统、量测中心系统等。结合能源互联网营销服务系统用户档案信息、业务申请单、安装点计费卡、台区信息、线路等，供电服务指挥系统区域停电信息、用电信息采集系统日测量点功率曲线，以及 D5000 主变和线路重过载数据等，进行业务逻辑判断以及关联统计分析，生成高压用户用电信息，台区、线路频繁停电信息，主网负荷信息，光伏反向重过载信息等结果表。

1. 高压用户用电信息

将能源互联网营销服务系统用户档案信息与业务申请单关联，获取高压用户档案信息，与安装点计费卡相关表关联获取高压用户用电信息（图 4-2）。

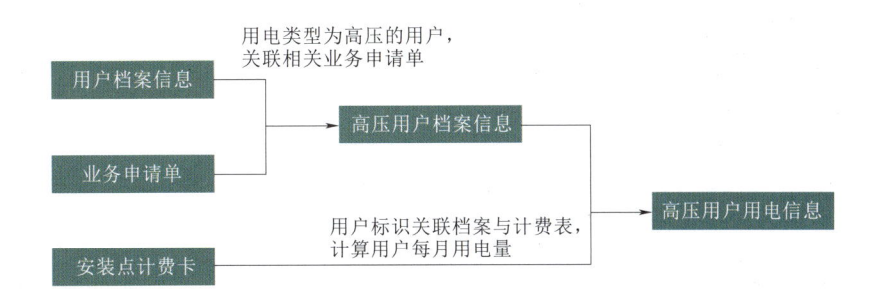

图 4-2　高压用户用电信息数据加工流程

2. 台区、线路频繁停电信息

将供电服务指挥系统区域停电信息分别与能源互联网营销服务系统台区、线路信息表关联，筛选出多次发生停电事件的台区与线路，获取台区、线路频繁停电明细，分别对台区和线路停电的次数进行统计，生成台区、线路停电次数统计表（图 4-3）。

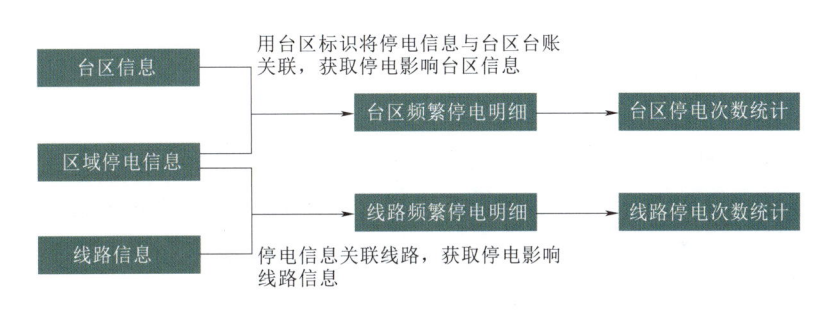

图 4-3　台区、线路频繁停电数据加工流程

3. 主网负荷信息

将量测中心主变重过载信息进行统计，形成主变重过载次数统计表，将输电线路重过载信息进行统计，生成线路重过载次数统计表。

4. 光伏台区反向重过载信息

将能源互联网营销服务系统台区信息、线路信息、发电客户信息、计量点、物联采集对象、电能表、日测量点功率曲线等表关联，获取光伏发电台区相关数据，生成光伏台区台账表，与用电信息采集系统日测量点功率曲线关联，获取光伏台区每日 96 点负载率，负载率位于 80%~100% 区间时研判为重载，负载率位于 100%~120% 区间时研判为过载，负载率大于 120% 时研判为严重过载（图 4-4）。

```
台区信息
发电客户信息
线路信息        通过计量点、电能表关联台区与发电
                用户等数据，获取光伏台区台账明细
计量点          →  光伏台区台账信息  →  光伏台区反向重
物联采集对象                                过载情况
                获取光伏台区每日96点功率值，计算负载
电能表          率，根据负载率判断异常情况。
                重载：负载率位于80%～100%区间
                过载：负载率位于100%～120%区间
日测量点功率曲线  严重过载：负载率大于120%
```

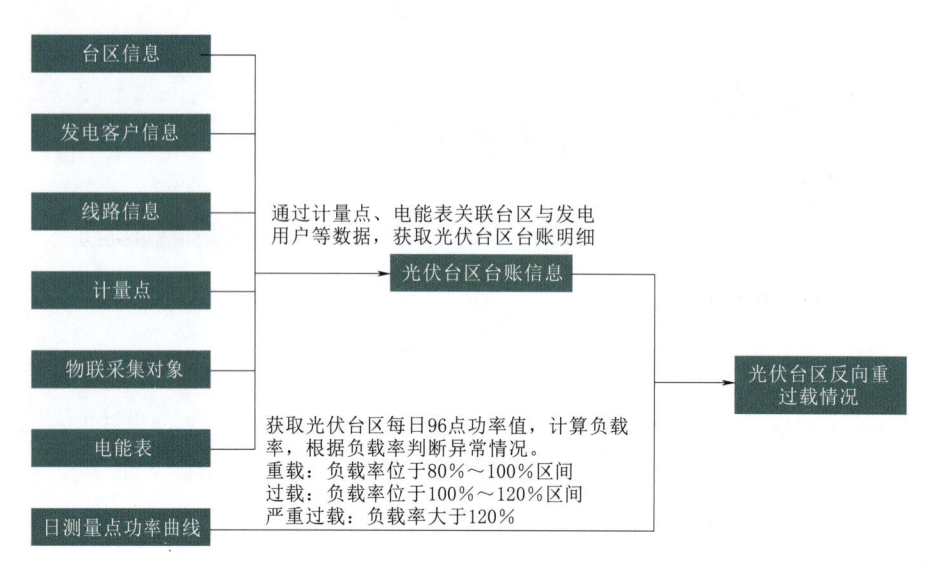

图4-4 光伏台区反向重过载数据加工流程

四、典型案例

Q县供电公司发展建设部利用"迎峰度夏专题"场景台区、线路频繁停电功能，结合基层专区配变停电信息成果，梳理近两个月累计停电的线路和台区，按照线路、台区停电3次及以上为"红"，2次为"黄"，形成"配电线路、台区红、黄频繁停电预警"机制，同时在周会上进行公示和具体工作部署，为实现工单压降目标奠定基础，有效提升工作质效，保障配网设备运行稳定。

第二节 配电线路绝缘化提升探究

一、背景介绍

在电力生产、生活保障工作中，非计划停电（故障停电）频繁引发客户不满。据电力公司相关部门统计分析，引发线路故障的主要原因为鸟害和树障，而线路运维人员有效解决鸟害和树障的方法有两点：一是增加对非绝缘化配电线路巡视，并清除鸟窝，清理线下树木；二是提高配电线路绝缘化率。由于近年来环保等原因，树障很难彻底清理，树线矛盾难以有效解决，因此针对配电线路开展绝缘化改造愈加重要。

二、产品详情

为降低配电线路故障停电次数,保障客户用电,打造配电线路绝缘化提升成果,聚焦线路下导线绝缘化程度,按地市、县、班组为单位展示线路台账、导线类型、线路绝缘化率等数据(图 4-5),使用柱状图展示各地市单位线路绝缘化率,同时以表格形式提供线路下导线起始杆塔、导线型号、生产厂家等详情信息。

图 4-5 配电线路绝缘化提升

三、主要做法

该产品数据主要来源于 PMS 系统,通过线路信息关联导线信息,获取线路下导线类型,计算各线路的绝缘化率,公式为

$$绝缘化率 = \frac{绝缘线路}{线路总长度} \times 100\%$$

取 PMS 系统线路档案数据关联导线、杆塔、生产厂家等相关表,获取导线起始杆塔、导线型号、状态等明细数据(图 4-6)。

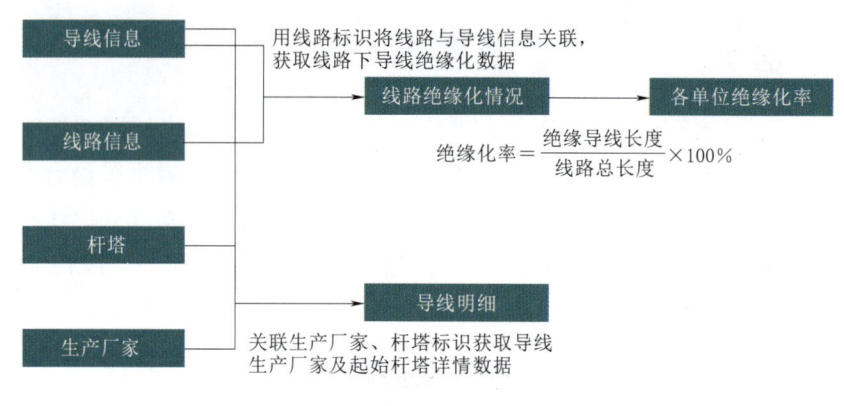

```
导线信息 ──┐
           │ 用线路标识将线路与导线信息关联，
           │ 获取线路下导线绝缘化数据
线路信息 ──┤──→ 线路绝缘化情况 ──→ 各单位绝缘化率
           │
           │    绝缘化率 = (绝缘导线长度 / 线路总长度) × 100%
杆塔    ──┤
           │                    导线明细
生产厂家 ──┘ 关联生产厂家、杆塔标识获取导线
              生产厂家及起始杆塔详情数据
```

图 4-6　成果数据分析流程图

四、典型案例

Q 县供电公司为解决配电线路跳闸问题，重点关注配电线路绝缘化提升，利用配电线路绝缘化提升场景，有效解决了项目储备时查询数据周期长的难题。通过技改大修等项目投入，累计对百余条配电线路进行绝缘化提升，覆盖线路长度超 1400km，配电线路绝缘化率由 68% 提升至 85.84%。2024 年 5 月站端故障停运率为 0.27 次/百公里，同比下降 50%。

第三节　基于乡村空心化率的配网台区辅助分析

一、背景介绍

配电网是深入千家万户的电力"毛细血管"，直接关系着广大电力客户的用户体验。配电网线路结构点多面广、连接关系错综复杂，目前农网改造工作往往凭借所级需求和台区经理工作经验，层层人工报送需求，工作量大，并存在数据归口不统一、问题不清晰、立项不精准等问题，"撒胡椒面"似的进行投资建设。为持续增强农网供电保障能力，亟须增加乡村人口活跃度的相关分析。H 市供电公司前期开展空心率计算，相关分析报告获 H 市市长、副市长批示肯定，在中原数据交易中心首批挂牌交易，经验被《人民日报》等主流媒体报道，在《国家电网动态》刊发。产品依托前期空心户分析成果，深化拓展空心村识别应用，同时结合乡村振兴局提供的户数、人口等外部数据，强化内外部数据融合，构建统一化、标准化的行政村用电需求分析模型与行政村用电紧急程度分析模型，以更高的站位，结合区域经济发展与人口流动，统筹考量全市各区域配网建设必要性与迫切性，辅助乡村电网精准投资。

二、产品详情

用电分析主要以行业用电视角展示各级单位用电情况。围绕 H 市县、乡镇和行政村三级行政单位，开展各级行政单位用电户数、总装机容量、户均装机容量、农排机井数量、农排机井装机容量等数据指标分析，可视化展示各级行政单位总用电量月度趋势、工商业用电月度趋势、农业用电月度趋势、农排机井用电月度趋势、年度新增业扩报装户数趋势、年度新增业扩报装容量趋势。可视化页面根据行政单位结构图的选择以及年份的选择，展示各个行政单位与对应时间维度的数据，默认展示行政单位结构图第一级第一个行政单位的数据。

空心化深化应用（图4-7）主要以人口流动视角展示各级单位空心化程度。围绕 H 市县区、乡镇、行政村三级行政单位，可视化展示各级行政单位监测行政村数量、用电用户总数、居民生活总用电量月度趋势、户均用电量月度趋势、空心户数量月度趋势、空心率月度趋势、上年度空心村数量占比以及空心村率年度趋势。

图4-7 空心化深化应用（基于乡村空心化率的配网台区
辅助投资分析应用）

配变负载分析（图4-8）主要以配变重过载视角，围绕H市县区、乡镇、行政村三级行政单位，可视化展示各级行政单位监测行政村总数、挂接配变数量、配变重过载低电压次数月度趋势、配变异常时长月度趋势、配变异常数量月度趋势、配变异常天数月度趋势、配变重过载次数节假日占比、各年度节假日重过载次数趋势。

图4-8 配变负载分析（基于乡村空心化率的配网台区辅助投资分析应用）

配网投资分析（图4-9）主要从辅助配网投资的视角，围绕H市县区、乡镇、行政村三级行政单位，可视化展示各级行政单位预警数量分布、容量不匹配的行政单位数量月度趋势、容量总差异月度趋势、各紧急等级行政单位数量月度趋势及占比情况。默认展示H市各个县区下辖行政村用电需求容量的不足与用电紧迫性程度，可根据具体的县区下钻至各个乡镇下辖行政村用电需求容量的不足与用电紧迫性程度。

三、主要做法

基于乡村空心化率的配网台区辅助投资分析应用产品的主要工作分为四步：第一步，对该产品涉及的能源互联网营销服务系统、用电信息采集2.0系统以及PMS 3.0系统的数据进行深入分析溯源，并根据溯源到的表进行数据抽取；第二步，围绕县区、乡镇、行政村三级行政单位，开展用电分析、空心化深化应用以及配变负载分析；第三步，依托用电分析、空心化深化应用与配变负载分析，开

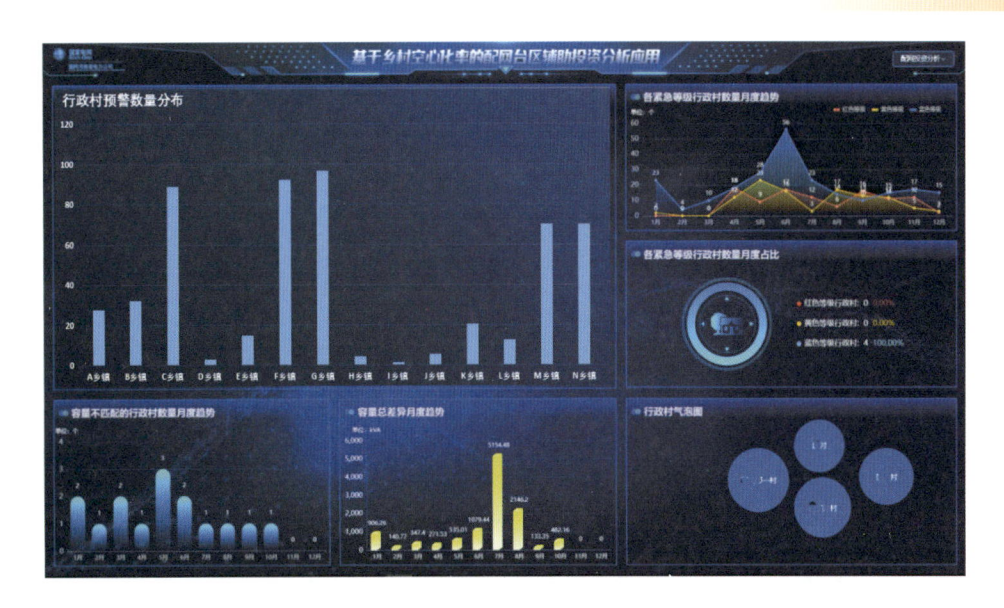

图 4-9 配网投资分析（基于乡村空心化率的配网台区辅助投资分析应用）

展行政村用电需求容量分析模型与行政村用电紧急程度分析模型的构建；第四步，模型输出，该产品以可视化报表的形式共输出四个页面，服务于数字化、配网、发策等部门相关专业人员。

（一）数据来源

该产品数据主要来源于能源互联网营销服务系统、PMS 3.0 系统与用电信息采集系统 2.0 数据，并融合线下人工梳理的台区与行政区划对应关系数据（图 4-10）。

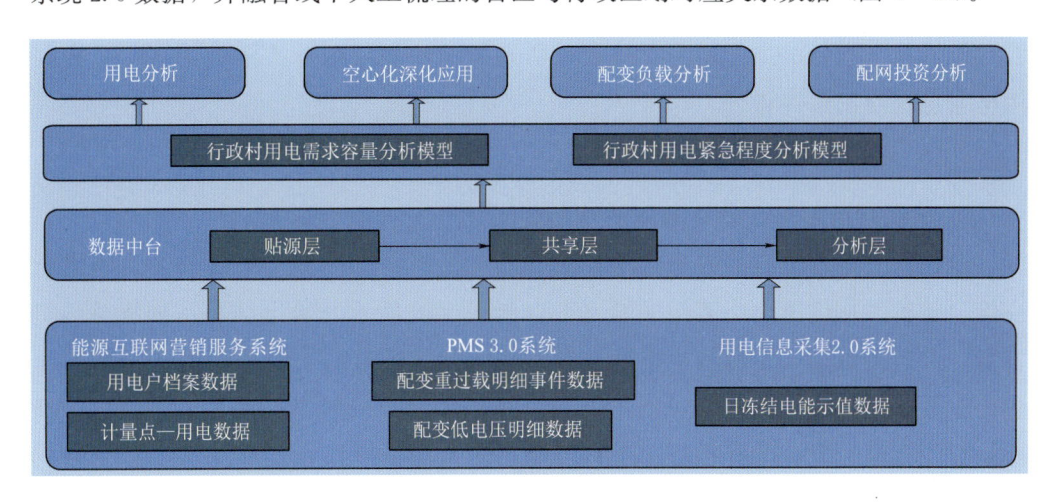

图 4-10 数据来源架构图

第三篇 赋能电网转型升级篇

（二）数据分析

1. 行政村用电需求容量分析模型特征工程构建

特征工程即对原始特征进行筛选、构造和转换，生成更具有代表性和预测性的新特征。根据行政村容量、容量变化、空心率、户均用电量等指标，并融合季节因素，对全量历史指标数据进行可视化，以便更清晰地开展数据特征工程的构建（图4-11）。

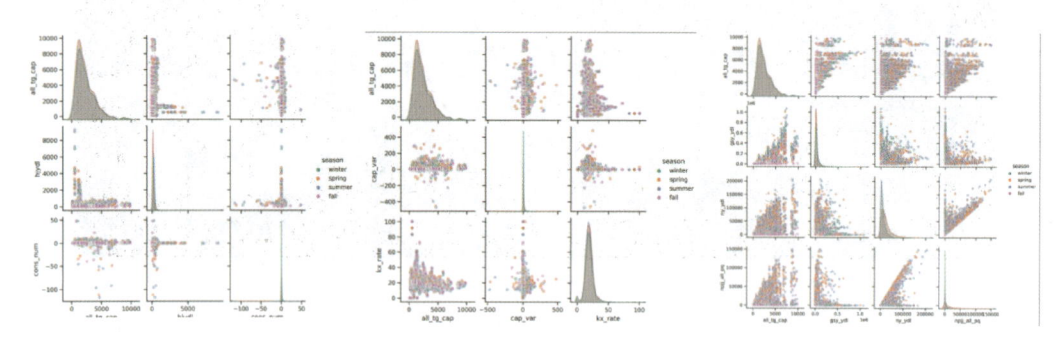

图4-11 指标数据分布

2. 行政村用电紧急程度分析模型得分计算与分布

围绕行政村配变重过载数据，结合空心化分析数据，并融合配网部工程储备工作经验以及行政村用电需求容量预测模型，协同配网部专家商定过载、重载、空心化的权重分别为5、4、1；将过载、重载、空心化权重占比平均分配到发生次数、持续时长、影响工商农业用户数量占比、影响居民用户数量占比、频繁发生重过载配变数量占比、空心率等六个更精细的指标，然后根据各个指标数据与权重计算各个指标的加权得分，行政村所有指标的加权得分之和即为各个行政村用电紧急程度的最终得分。

（三）模型构建

1. 行政村用电需求容量分析模型构建

随机森林是基于树的机器学习算法，该算法利用了多棵决策树的力量来进行决策。随机森林将单个决策树的输出整合起来生成最后的输出结果。围绕总装机容量、农业用电量、工商业用电量、户均用电量、季节、空心率等九个指标的全量历史数据，算法随机选取样本，随机选择指标，尝试构建决策树。对于每一棵决策树，算法会尝试所有特征的所有可能，即穷尽所有指标开展决策树各个分支节点的尝试，直至决策树分支内的总容量数据尽可能接近实际值，则该决策树构建完成。重复上述步骤，构建大量的决策树，每棵树都会对行政村需求容量得出一个预测结果，所有决策树的预测结果的平均值即为最终的预测结果。

2. 行政村用电紧急程度分析模型构建

根据全部行政村得分数据，按照聚类算法，预先设定最终要将数据划定的区间数量（红、黄、蓝、绿四个等级），随机选取 3 个点作为初始的聚类中心，通过欧式距离计算每一个得分数据与初始聚类中心的距离，将得分数据划分到距离与其最近的区间内，循环开展"根据每个区间内新加入的得分数据，通过重新计算该区间内所有得分数据在坐标系中各维度坐标的平均值，得到每个区间的新的聚类中心，重新通过欧式距离计算每一个得分数据与初始聚类中心的距离，将数据划分到与其距离最近的区间内"，直至聚类中心不再显著变化，即得到每个区间的阈值。

（四）模型分析结果

1. 行政村用电需求容量分析模型

基于随机森林算法，开展 H 市各个行政村用电需求容量预测（图 4-12）。

年度	县区	乡镇	行政村	当前容量	预测容量
2024				500	759
2024				500	510
2024				1150	1156
2024				300	312
2024				9300	9357
2024				13660	14026
2024				2750	2796
2024				500	519
2024				2355	2363
2024				2400	2428
2024				3660	3775
2024				5075	5266

图 4-12　行政村用电需求容量分析模型结果图

2. 行政村用电紧急程度分析模型

基于 K-means 聚类算法，开展 H 市各个行政村用电紧急程度分析（图 4-13）。根据业务需求，将用电紧急程度划分为三个等级。为确定等级标准，采用聚类分析的方法来初步确定等级划分标准，通过 K-means 聚类算法将指标得分数据划分为三个聚类簇，并计算各个类簇的中心点，这些中心点代表了用电紧急程度每个等级的平均得分值。根据聚类中心的位置与得分数据分布情况，将用电紧急程度指标得分划分为三个等级。具体来说，如果指标得分高于 4.0971，则划分为 Culster-2 的聚类等级；如果指标得分为 2.5434～4.0971，则划分为 Culster-1

和Culster-2之间的聚类等级；如果指标得分低于2.5434，则划分为Culster-0的聚类等级。

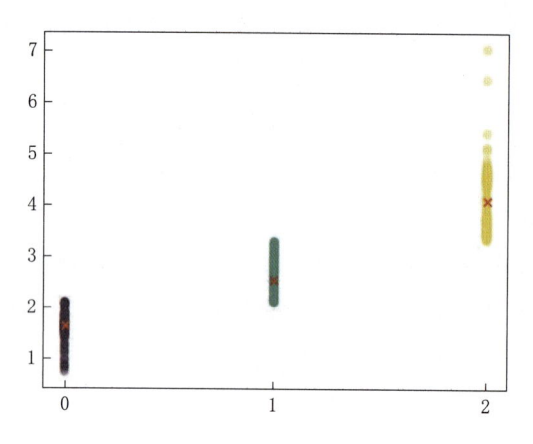

图4-13 行政村用电紧急程度得分聚类图

四、成效总结

通过"基于乡村空心化率的配网台区辅助投资分析"产品的建设，一是使得H市配网部摆脱了以前依据台区经理工作经验开展配网工程项目提报与项目储备的历史；二是通过各个行政村用电需求容量分析与用电紧急程度分析，以小见大，直观、真实反映各地区电力差异分布情况，辅助配网台区改造项目提报的数据归口、分析指标、统计口径统一化、标准化；三是依托基于用电需求分析模型与用电紧急程度分析模型分析结果的配网投资分析报告，推进38个行政村、1000余万元改造投资金额纳入H市2024年第一批配电网投资改造工程。

第五章

优质高效服务电网运营

第一节 电网小助手全场景实时监测电网运行情况解析

一、背景介绍

近年来,随着经济建设的发展,电网规模不断扩大,我国的电网安全运行也迈向了一个新的台阶。"保供电、优服务"是地市供电公司的首要工作使命,而建设、运营好电网是践行这个使命的关键,各级人员需要在全场景实时监测电网运行情况和故障信号,来保障电网安全稳定运行。国网河南电力为提升人员工作效率、提升服务质量,开展电网小助手应用,通过 BI 展示看板监测分析主网配网、一次二次、公专变的量测信号,实现河南电网 35~220kV 主变、10~220kV 线路、公专变运行数据实时监测分析,以及配自故障信号、停电全感知数据、双电源用户供电方式实时监测,为电网安全稳定运行提供数据分析支撑。

二、产品详情

电网小助手主要包含主变实时监测分析看板、停电影响情况监测分析看板两个业务看板。

(一) 主变实时监测分析看板

主变实时监测分析看板(图 5-1)可通过地市名称、区县名称等筛选框查看不同地市及区县的监测分析数据,此看板主要是从负荷、负载率、电压等级、变电站等维度来分析展示主变负载情况,通过实时计算更新日最大负荷、容载比和发生时间,记录主变重过载发生次数。

图 5-1　主变实时监测分析看板

（二）停电情况影响监测分析看板

停电情况影响监测分析看板（图 5-2）可通过地市名称、县局名称、日期区间等筛选框查看不同地市、不同时间段的监测分析数据，此看板主要是展示实时停电情况，包含停电区域（影响区县）、影响台区、用户数等，获取线变关系、近两个月频繁停电用户等信息，直观展示停电影响台区明细。

三、主要做法

电网小助手的主要工作流程涉及产品资料梳理、本地部署实施准备、本地化业务数据溯源、表结构构建、模型本地化改造、产品数据计算发布、产品可视化看板实施、产品发布八步：

（1）第一步，产品资料梳理。

完成该产品涉及的本地化业务梳理，包括营销专业采集、调控云负荷、设备（资产）运维精益管理、供电服务指挥平台区域停电等多个相关业务。

（2）第二步，本地部署实施准备。

包括但不限于数据共享平台侧溯源环境、数据中台开发环境、报表中心可视化设计实施环境、分析服务目录平台产品目录发布环境等的账号开通、权限配置、使用环境配置等工作。

（3）第三步，本地化业务数据溯源。

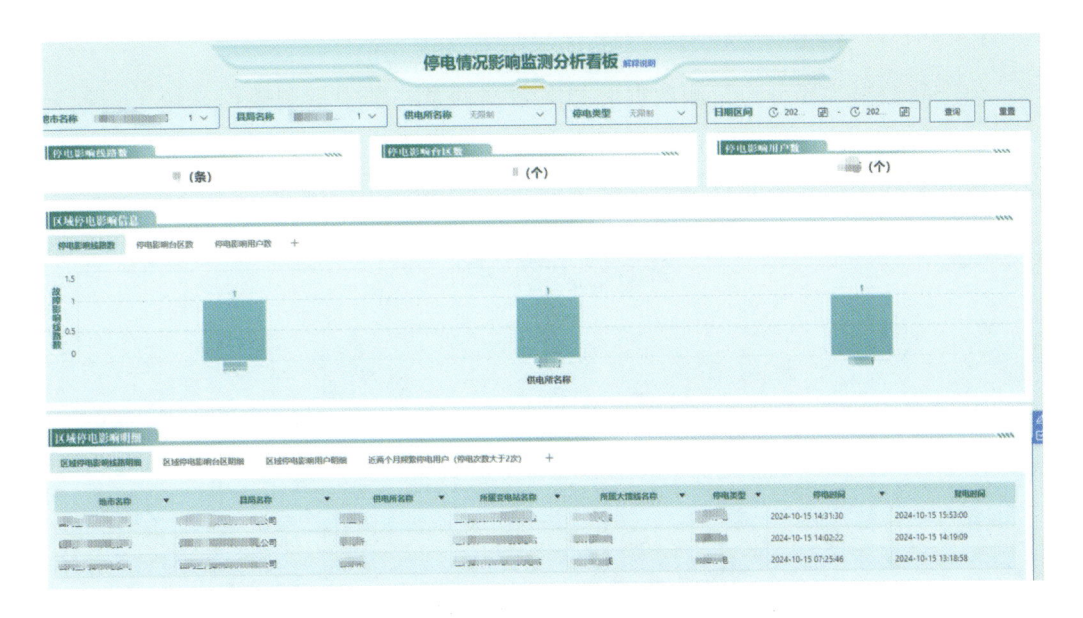

图 5-2　停电情况影响监测分析看板

依据本地业务梳理结果，对标下发溯源调研表，完成相关源端业务数据表溯源、业务数据规则溯源、业务数据采集与提取三项数据准备工作。

（4）第四步，表结构构建。

完成该产品所需的各类中间表、结果表表结构构建，并在数据中台侧进行固化存储。

（5）第五步，模型本地化改造。

完成该产品本地算法模型构建、算法模型本地训练及评估、算法模型优化完善三项算法模型本地构建、训练及优化完善工作。

（6）第六步，产品数据计算发布。

完成该产品相关数据计算链路配置、算法模型计算任务调度配置，实现产品结果数据的输出。

（7）第七步，产品可视化看板实施。

完成可视化运行环境配置、应用数据集配置、数据可视化场景设计、数据集绑定，实现产品各个可视化看板场景的发布上线，面向基层一线用户开放使用。

（8）第八步，产品发布。

将产品计算发布的结果数据以数据集、可视化场景等多种形式，在数据中台、数据共享平台、数据分析服务目录平台三个平台完成产品的服务注册，并以目录形式发布，以多渠道形式提供产品数据服务，方便推广应用。

（一）数据来源

该产品数据主要分为量测数据和档案数据两类，其中量测数据来源于调控云（或实时量测中心），档案数据来自用电信息采集系统、调控云系统、能源互联网营销服务系统等，具体的数据来源架构如图 5-3 所示。

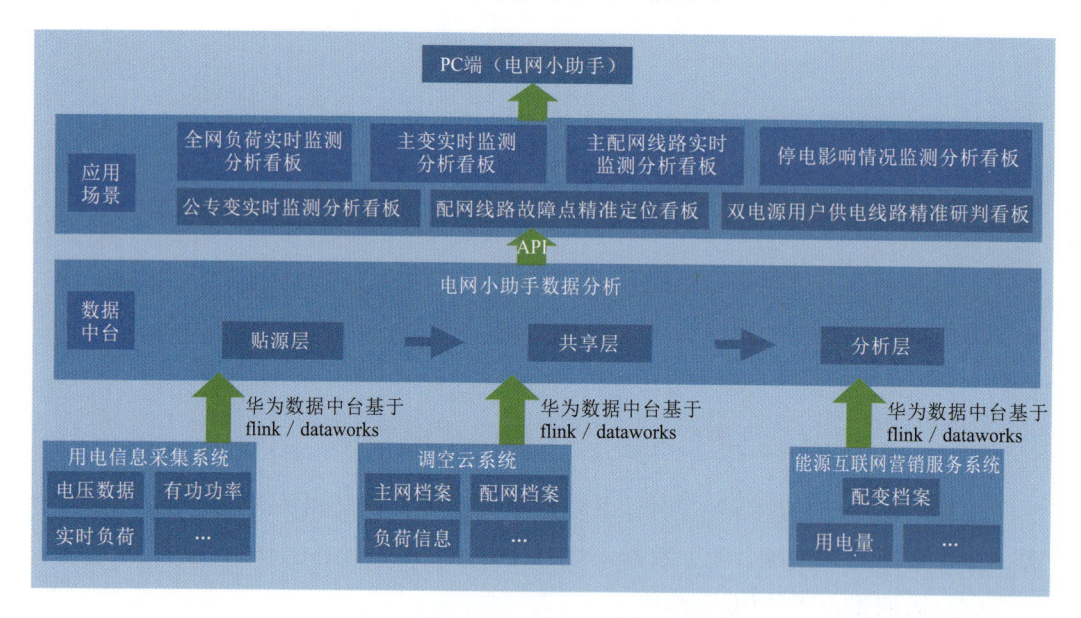

图 5-3 数据来源架构图

（二）算法模型说明

1. 模型一：主变实时监测分析模型

从调控云接入主变电流、功率实时数据，更新频率为 5min，通过主变压器 ID、数据时间关联主变电流表和主变功率表，计算主变负载率，记录负载率大于 80% 的重过载数据，并进行预警。

负载率为

$$负载率 = \frac{额定容量}{实际负荷} \times 100\%$$

2. 模型二：停电影响情况监测分析模型

针对区域停电影响台区的停电信息进行监测分析，得出停电的影响范围区域停电、台区停电、用户停电等。

（三）模型输出

本产品共计包含 2 个算法模型，形成 4 张结果表。

主变实时监测分析看板共涉及 1 个算法模型、1 张结果表，用于储存全网主变电流、功率的各时间点明细数据，并通过结果表分析看板各项指标。

停电影响情况监测分析看板共涉及 1 个算法模型、3 张结果表，用于储存停电影响区域信息、停电影响台区信息、停电影响用户信息等明细数据，并通过结果表分析看板各项指标。

四、成效总结

以用促建，国网河南电力探索将电网小助手产品与本地业务需求相结合，为电网运行监测分析决策提供数据支撑。

（一）加强设备实时监测，确保电网稳定运行

依托电网小助手实现主变实时监测、停电影响情况监测。在主网调控、输电线路运维及配网运维等工作中提供实时化的数据分析和故障告警。在配网线路的接地、跳闸等常见故障的处置工作中，通过电网小助手实时数据分析，支撑多地市线路接地故障巡视处置时间由原来的 55min 左右缩短至 30min 左右，单次平均抢修时间由 4.7h 缩短至 3.9h，显著提升了设备抢修效率和健康水平。

（二）降低用数使用门槛，数据赋能基层减负

主配网设备状态、公专变实时数据、故障定位、停电影响情况等信息分布在不同系统，实时查看数据较为困难，电网小助手通过整合主配网设备状态、公专变实时数据、故障点信号精准定位、停电影响情况等数据资源，实时监控、分析设备状态，实现了对省内电网 35～220kV 主变压器、10～220kV 线路、公专变台区负荷数据及线路故障信息的实时监测，支撑多地市实时开展主配网设备运行维护、停电信息排查、故障检修及重过载治理，提高了各地市公司整体工作效率。

第二节　配网运行状态主动监测分析

一、背景介绍

配网规模的增加、频繁变动和海量新能源、电动汽车等新型负荷的分布式接入，对配网安全稳定的供电能力提出新的挑战。广大基层员工还迫切需要更多实时性强、融入现场、融入业务流程的数据应用。为进一步落实国网公司要求，深化数据精益运营，加快推进电网数字化转型，满足能源保供与低碳发展的双重要求，国网河南电力开展配网运行状态主动监测分析产品建设，支撑公司新型电力

第三篇
赋能电网转型升级篇

系统建设和高质量转型发展。

二、产品详情

为更好地满足基层一线数据分析需求，助力减负增效，辅助配网源荷规划精益化发展，配网运行状态主动监测分析产品，基于数据中台、实时量测中心沉淀一批 PC 端配网运行状态监测分析数据应用，构建设备实时监测、三相不平衡瞬时分析、超容用户日前监测、发电异常用户分析四个业务场景。

（一）设备实时监测业务场景

基于数据中台和实时量测中心数据，构建设备实时监测模型，支撑营配融合数据看板分析展示，实现设备的实时电流、电压、功率、负载率查询（图 5-4）。

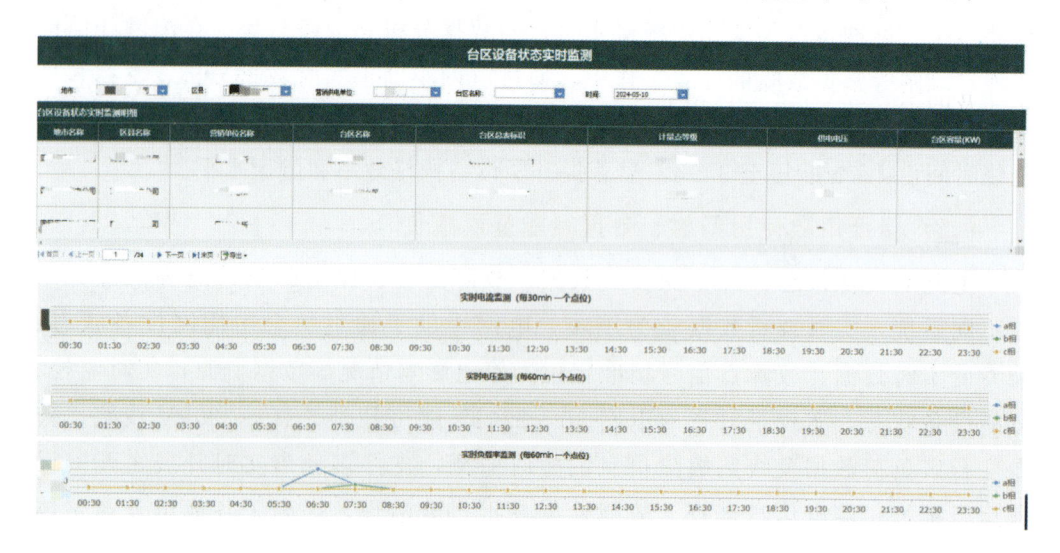

图 5-4　设备状态实时监测

（二）三相不平衡瞬时分析业务场景

数据主要来源于能源互联网营销服务系统、用电信息采集系统、PMS 系统，针对部分台账及档案进行数据预处理，并将台区发生电流最大不平衡时台区运行数据与瞬时负荷较大的用户进行关联展示。

（三）超容用户日前监测业务场景

数据主要来源于能源互联网营销服务系统、用电信息采集系统，针对部分台账及档案数据进行数据预处理，并展示当日和当月发生需量超容的用户和用户负荷明细，供电所可以根据展示数据提前通知用户调整负荷或者办理增容。

（四）发电异常用户分析业务场景

数据主要来源于能源互联网营销服务系统、用电信息采集系统，针对部分台账及档案进行数据预处理，并按照光伏用户分析汇总展示供电所所有光伏用户发电情况，供电所可以查询近一周、近一个月 0 发电量或者发电量异常的用户，及时上门帮助用户进行设备体检。

三、主要做法

配网运行状态主动监测分析产品的主要工作分为三步：第一步，对该产品涉及的能源互联网营销服务系统、用电信息采集 2.0 系统和 PMS 系统的数据进行深入分析，对使用到的数据表进行溯源，并根据溯源表进行模型构建和反复演练，从而提高最终结果数据的准确性；第二步，数据表构建及模型说明，主要对该产品涉及的 12 个模型进行构建、开发及业务规则说明；第三步，模型输出，该产品以数据服务、可视化报表等形式共输出 4 个页面，服务于设备、营销、发展、数字化等部门相关专业人员。

（一）数据来源

配网运行状态主动监测分析产品数据主要来源于能源互联网营销服务系统、用电信息采集 2.0 系统和 PMS 系统，通过配网运行状态主动监测分析的数据分析模型对源端数据进行关联计算，并用看板的形式进行展示，具体的数据来源架构如图 5-5 所示。

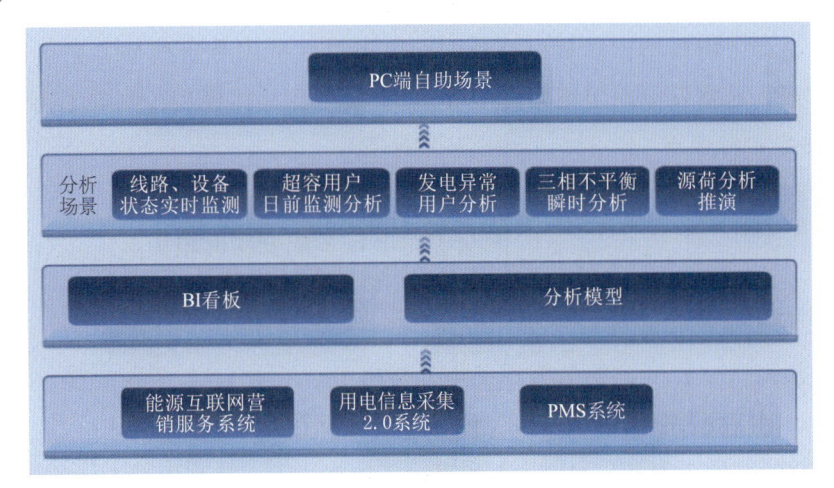

图 5-5 数据来源架构

（二）数据挖掘

1. 设备实时监测

通过对配变数据进行挖掘分析，将台区基本信息、运行电能表信息、电流曲线、电压曲线等数据进行关联和加工，形成配变实时负载率计算分析模型。

2. 三相不平衡瞬时分析

通过对台区最大不平衡运行数据进行挖掘分析，将台区发生最大不平衡时台区运行数据与瞬时负荷较大的用户进行关联和加工，形成配变三相电流不平衡分析模型、三相不平衡配变建议调相用户分析模型、电流极值分析模型。

3. 超容用户日前监测

通过对超容用户的数据进行挖掘分析，将台账及档案数据、日测量点电流曲线、功率因数曲线等数据进行关联和加工，形成用户功率超容模型、用户功率超容月模型、用户日需量超容模型、有功功率超容分析、需量超容分析。

4. 发电异常用户分析

通过对光伏用户的数据进行挖掘分析，将光伏用户日电量、计量点、电能表等数据进行关联和加工，并按照周和月的维度进行统计，从而形成光伏用户发电周分析模型、光伏用户发电月分析模型、异常发电判定规则模型。

（三）模型算法设计

通过对配网运行设备进行深入分析，构建出配变实时负载率计算分析模型、配变三相电流不平衡分析模型、三相不平衡配变建议调相用户分析模型、电流极值分析模型、用户功率超容模型、用户功率超容月模型、用户日需量超容模型、有功功率超容分析模型、需量超容分析光伏用户发电周分析模型、光伏用户发电月分析模型、异常发电判定规则模型等11个模型。具体模型规则如下所示：

1. 设备实时监测

配变实时负载率计算分析模型，有

$$配变实时负载率 = \frac{配变实时电压 \times 配变实时电流 \times 3}{配变额定功率}$$

2. 三相不平衡瞬时分析

（1）模型一：配变三相电流不平衡分析模型。

$$最大电流 = \max（A相电流，B相电流，C相电流）$$
$$最小电流 = \min（A相电流，B相电流，C相电流）$$
$$调整电流 = \frac{最大电流 - 最小电流}{2}$$

$$不平衡率 = \frac{最大电流 - 最小电流}{最大电流}$$

(2) 模型二：三相不平衡配变建议调相用户分析模型。

$$用户差值电流 = \min|用户多时刻电流 - 调整电流|$$

建议调相用户清单＝用户电流≤调整电流 & 用户差值电流最小的 5 个用户
　　　　　　　＋用户电流≥调整电流 & 用户差值电流最小的 5 个用户

(3) 模型三：电流极值分析模型（以 A 相为例）。

配变 A 相日最大电流＝max（配变 0 点 0 分 A 相电流，配变 0 点 15 分 A 相电流，…，配变 23 点 45 分 A 相电流）

配变 A 相日最小电流＝min（配变 0 点 0 分 A 相电流，配变 0 点 15 分 A 相电流，…，配变 23 点 45 分 A 相电流）

配变 A 相日平均电流＝avg（配变 0 点 0 分 A 相电流，配变 0 点 15 分 A 相电流，…，配变 23 点 45 分 A 相电流）

3. 超容用户日前监测

(1) 模型一：用户功率超容模型。

$$用户功率超容比率 = \frac{有功功率}{合同容量}$$

(2) 模型二：用户功率超容月模型。

$$用户当月最大超容 = \max（用户功率超容比率）$$

(3) 模型三：用户日需量超容模型。

$$用户当日需量超容比率 = \frac{当日最大需量}{合同容量}$$

(4) 模型四：需量超容分析。

展示近一周的当日最大需量和当日超容比率。

4. 发电异常用户监测

(1) 模型一：光伏用户发电周分析模型。

$$光伏用户当周发电量 = \sum 光伏用户当周的日发电量$$

(2) 模型二：光伏用户发电月分析模型。

$$光伏用户当月发电量 = \sum 光伏用户当月的日发电量$$

(3) 模型三：异常发电判定规则。

长期零电量用户：一周或一月发电量为零的用户。

长期低电量用户：本地区相同容量用户对比，一周或一月发电量最低的用户。

长期高电量用户：本地区相同容量用户对比，一周或一月发电量明显高于其他用户的用户。

（四）模型结果统计分析

产品共包含设备实时监测、三相不平衡瞬时分析、超容用户日前监测、发电异常用户分析四个页面，并基于数据分析服务目录、报表中心、数智豫电等平台推广应用。

四、成效总结

基于配网运行状态主动监测分析产品，围绕配网设备运行及客户服务业务构建了百余个共性数据集，累积推送各类告警信息 1.9 万余条，支撑设备运行隐患预警，最大限度可将用户用能异常发现时间缩短 90%，实现快速远程发现问题、研判原因、精准处理，为用户提供优质、快捷的电力服务。

第三节　安全风险管控数字化监督

一、背景介绍

根据《国家电网有限公司关于进一步加快数字化转型的意见》（国家电网办〔2023〕326 号）、《国网安监部关于印发 2023 年安全监督数字化建设重点任务的通知》（安监二〔2023〕11 号）等文件精神，做好安全风险管控监督平台系统运行监控工作，确保平台安全、稳定运行，支撑河南数字化安全管控水平持续稳步提升。

目前，安全风险管控监督平台已完成与 E 基建系统、营销现场作业管控系统、PMS 3.0 系统、I6000 及配网工程全过程数字化管控平台的业务数据贯通，日计划量接近 5000 项，日文件传输量达 5.5 万个。大量的文件传输、业务调用和数据存储给平台应用造成了极大压力，数据存储、读取上报、消息推送、接口响应等方面暴露出较多异常问题，处理以上问题均需要通过人工检查方式开展，缺少故障预警、定位手段，亟需开展异常问题监控、预警、处理及分析工作，构建系统运行监控看板，提升业务可靠性，保障系统的安全稳定运行。

二、产品详情

开展安全风险管控监督平台系统运行监控工作，对数据流、数据存储和数据处理进行实时监测和分析，以保障数据传输和存储的完整性、准确性；并基于分析评价结果，实现文件类数据、系统贯通业务数据、业务接口相关的集中监控，构建系统运行监控分析看板（图 5-6），发现潜在问题，系统化整合异常信息，实现异常预警和分析展示，提升异常处理效率，优化业务流程，提高业务效率。

图 5-6 系统运行监控分析看板

数据质量监控情况通过对三方平台贯通数据及上报总部数据（三方平台贯通数据主要包括 PMS 3.0 系统、E 基建 2.0 系统、营销现场作业管控系统、I6000 及配网工程全过程数字化管控平台等五个平台贯通至安全风险管控监督平台的业务数据；上报总部数据主要包括安全风险管控监督平台自建数据及三方平台贯通业务数据）两个方面进行监控，发现潜在的异常数据，及时告警并展示具体异常信息，同时统计展示监控数据量情况。根据不同时间维度选择，展示对应时间维度数据，默认或不选时展示全部累计数据。

接口服务监控情况主要监控安全风险管控监督平台对接调用的三方接口服务是否正常，包括 PMS 3.0 系统、营销现场作业管控系统、数据中台、人工智能、人脸识别等三方接口服务，通过监控接口服务响应状态等发现异常情况，及时告警并展示具体异常信息，同时统计展示监控的日常调用量情况。根据不同时间维度选择，展示对应时间维度数据，默认或不选时展示全部累计数据。

文件服务监控情况通过对文件内外网摆渡、上报非结构化平台及上报总部三个阶段的文件数据状态进行监控，及时发现文件类数据异常，及时告警并展示具体异常信息，同时统计展示监控文件数据量情况；根据不同时间维度选择，展示对应时间维度数据，默认或不选时展示全部累计数据。

三、主要做法

安全风险管控监督平台系统运行监控分析的主要工作分为三步：第一步，对需要监控的结构化数据、文件类数据及接口服务进行梳理；第二步，梳理监控规则，如结构化数据，对数据完整性、准确性等进行监控，文件类数据，对文件状态及及时性等进行监控，接口服务，对接口响应状态等进行监控，并依据梳理监控规则进行构建、开发；第三步，成果输出，以可视化数据看板形式服务于业务部门相关人员及运维人员。

（一）数据及接口服务来源

1. 数据来源

数据主要来源于安全风险管控监督平台、PMS 3.0系统、E基建2.0系统、营销现场作业管控系统、I6000及配网工程全过程数字化管控平台六个平台业务数据。

2. 接口服务来源

安全风险管控监督平台通过接口服务方式实现与系统对接，现已实现PMS 3.0系统、营销现场作业管控系统、数据中台、人工智能和人脸识别等六个三方接口服务。

（二）监控规则梳理

1. 结构化数据

对于三方平台贯通安全风险管控监督平台数据及安全风险管控监督平台上报总部数据，并基于国网总部数据指标考核标准及平台日常数据问题梳理对应监控规则（表5-1）。

表5-1　　　　　　　　　结构化数据监控规则

环节	数据项	数据来源	监控规则
三方平台贯通安全风险管控监督平台数据	日计划流速	营销现场作业管控系统	近期工作日日均约3000条日计划，若每日下午三点前当日日计划少于1000条，判断异常（法定节假日计划数偏差较大，暂不做监控）
	日计划完工状态	PMS 3.0系统	查询前一日是否存在未完工或未取消的日计划，若存在，判断异常
		E基建2.0系统	
		营销现场作业管控系统	
		I6000	因I6000存在跨天计划，查询计划结束时间为前一日的日计划是否存在未完工或未取消状态的日计划，若存在，判断异常

续表

环节	数据项	数据来源	监控规则
安全风险管控监督平台上报总部数据	计划状态一致性	自建 PMS 3.0系统 E基建2.0系统 营销现场作业管控系统	对当日日计划的业务表及上报表的计划状态进行比对，若不一致，判断异常
		I6000	存在跨天日计划，对计划结束时间为本日及本日之后的业务表及上报表的计划状态进行比对，若不一致，判断异常

2. 文件类数据

对于内外网摆渡、上报非结构化平台及上报总部各阶段文件类数据，梳理各阶段文件摆渡及上报状态，并根据文件状态进行链路监控（表5-2）。

表5-2　　　　　　　　　　文件类数据监控规则

阶　　段	文件状态	监控逻辑
内外网摆渡	初始 进行中 摆渡成功 摆渡异常	若文件摆渡过程中出现摆渡失败情况，判断为摆渡异常状态
上报非结构化平台	待上报 上报成功 上报异常	若文件上报非结构化平台过程中出现上报失败或超时，判断为上报异常
上报总部	待上报 上报成功 上报异常	若文件上报总部过程中出现上报失败或超时，判断为上报异常

3. 接口服务

按各三方平台接口服务信息，梳理对应响应状态，并根据响应状态进行监控（表5-3）。

（三）成果输出

构建系统运行监控看板，可查看具体异常信息及各维度监控统计分析情况。

表 5-3　　　　　　　　　接 口 服 务 监 控 规 则

接口服务来源	接口服务名称（用途简单描述）	接口服务链接	监控逻辑
营销现场作业管控系统	营销日计划拉取	http://××××××	（1）根据接口响应状态判断，若响应异常，则记录为异常（如访问超时、无访问权限等）。 （2）根据接口返回参数判断，若返回参数错误，则记录为异常（如返回参数为失败状态参数等）
数据中台	拉取 I6000 日计划数据	http://××××××	

（四）工作流程

梳理确认监控数据服务范围后，制定不同数据及服务的监控规则，基于安全风险管控监督平台按照监控规则开发实现系统运行情况实时监控，系统化整合异常信息并统计分析总体监控情况，完成系统运行监控看板构建，实现异常实时告警，展示具体异常信息及各维度统计数据（图 5-7）。

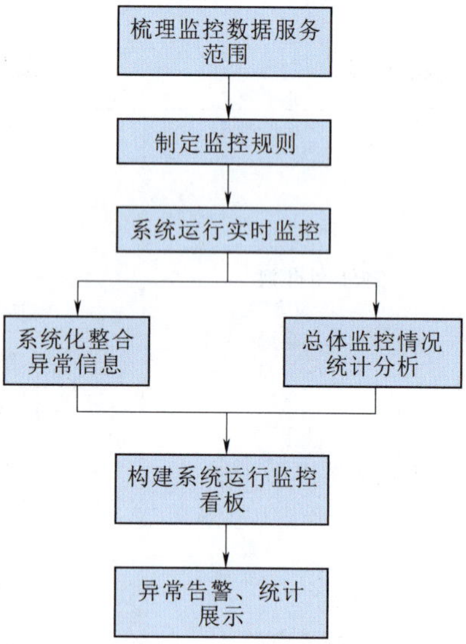

四、成效总结

基于安全风险管控监督平台，构建安全风险管控监督平台系统运行监控分析看板，加强了系统应用监测能力，可快速定位异常信息并进行告警，解决了系统出现异常排查困难、耗时较长的问题，提高了问题处理效率及系统稳定性。同时通过预警发现潜在问题并及时进行定位处理，优化业务流程，提高了三方贯通及上报总部的业务数据的完整性、准确性。

图 5-7　工作流程图

第六章

精准分析辅助异常治理

第一节 低压台区三相不平衡分析

一、背景介绍

随着社会及电网的发展，低压台区用电类型日益多样化，配网结构日趋复杂，大量单相用户的存在导致三相用电负荷不平衡问题突出，进而导致线路损耗增加、供电可靠性降低，对电网安全稳定运行造成极大影响。基层班组运维人员无法根据采集系统中的电流、电压数据判别台区三相不平衡，且传统的运检方式往往存在调相次数过多、效果不佳等问题。

二、产品详情

基于基层实际业务需要，构建低压台区三相不平衡分析产品（图 6-1）。该产品为用户提供一键获取异常台区信息服务，同时提供多时间多维度三相不平衡规律分析，为三相不平衡调整策略提供更加全面准确的数据支撑，以便更好地改善重点台区三相不平衡问题，提升台区健康运行水平。

三、主要做法

基于数据中台获取能源互联网营销服务系统的线路信息、台区信息、计量点信息、电能表信息等和用电信息采集系统的功率曲线、电流曲线等数据，对低压台区进行三相不平衡判别，形成低压台区三相不平衡分析产品（图 6-2）。

将能源互联网营销服务系统线路信息、台区信息、计量点信息、电能表信息表关联，并依据台区档案中的公专标志字段筛选出公变台区，用计量点信息表的

第三篇 赋能电网转型升级篇

图 6-1 产品详情

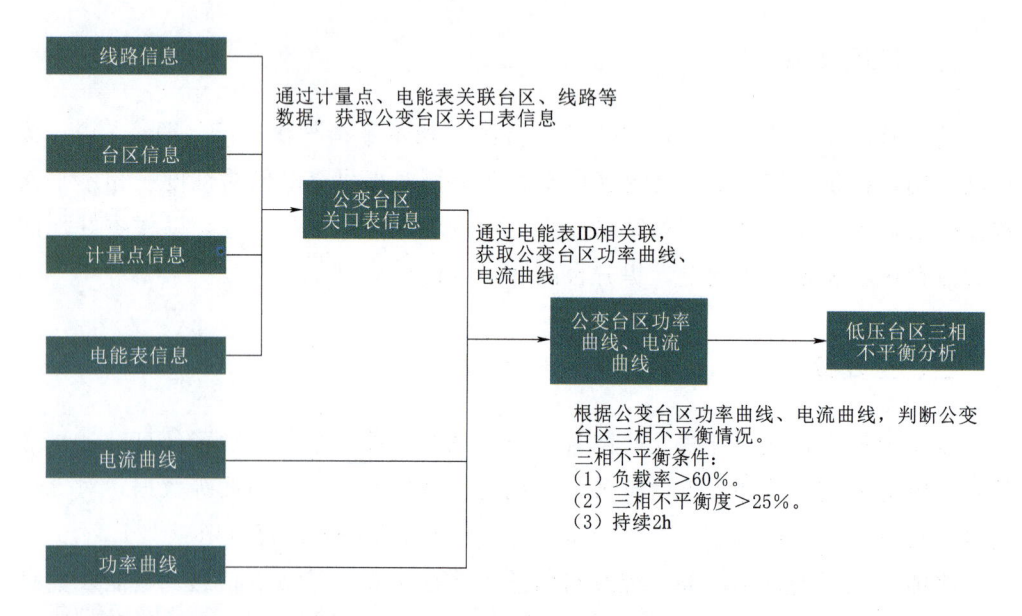

图 6-2 产品数据分析流程图

计量点分类筛选出台区关口表，得到公变台区的台区关口表信息，包含所属单位信息、线路、台区、计量点、电能表标识、电能表资产编码等信息。

将公变台区的台区关口表与用电信息采集系统的功率曲线、电流曲线通过电能表标识关联，形成公变台区的功率曲线数据、电流曲线数据。

依据三相不平衡判别规则，形成低压台区三相不平衡分析产品供配电运检人员查阅使用，为配电运检人员调整负荷调相控制策略、高效治理台区三相不平衡提供参考依据。

四、典型案例

2024年2月，S县供电公司组建数字化运维队伍，依托低压台区三相不平衡分析产品，针对低压台区三相不平衡异常情况进行问题溯源。根据负荷调相控制策略，对用户分支负荷存在异常问题进行相别切换和效果验证；对三相不平衡、低压线损、供电电压质量等情况进行持续监控，根据监控结果，及时调整负荷调相控制策略，以确保达到最佳效果。2月累计对用户相位负荷调整20余次，配变负载能力得到大幅提升。低压台区三相不平衡发生次数由1月的40余次降至2月的10余次，环比降幅达到70%以上。

第二节 配网线变关系分析

一、背景介绍

随着新型电力系统建设的不断推进，由于配网设备复杂、运行方式调整频繁（如迁建、扩容、割接、布点）、用电户数增多和用电客户用电地址变更，常出现人为录入错误或调整后未及时更新等情况，导致现场与PMS系统线变关系不一致。传统依赖人工现场盲目巡线检查配网关系错误的模式，耗时较长、排查难度较大，同时，存在配网关系错误将引发线路检修安全隐患、停电信息发布错误、可靠性计算准确率低等痛点问题。为响应国网公司新型电力系统数字技术支撑体系建设要求，全面提升电网可观测、可描述、可控制能力，实现全网透明化要求，聚焦基层和业务关注的重点难点问题，充分发挥数据价值，强化数据要素赋能作用，利用数据推动精准治理，实现配网关系诊断，自动识别配网关系异常，夯实数字电网拓扑底座。

二、产品详情

由于数据变更、档案更新不及时等问题导致配网数据质量核查整改难度大、工作量大，为改善基层工作人员数据分析能力较弱从而无法深入开展数据治理工作的情况，构建了线变关系分析应用业务场景。

（一）OP 互联

通过 PMS 系统变电站和调控云变电站对应关系进行维护（图 6-3）。用户可以对详细数据导出、修改、添加 PMS 系统变电站和调控云变电站对应关系。

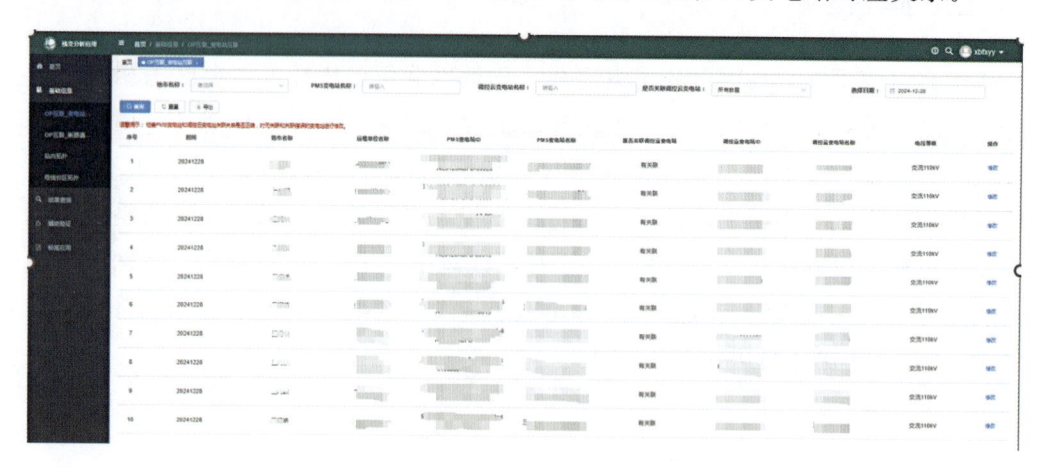

图 6-3　OP 互联变电站详情页面

（二）站内拓扑页面

按照地市、线路、变电站等维度，查看、导出 PMS 变电站、PMS 线路、PMS 断路器、调控云断路器、母线的拓扑等信息（图 6-4）。

图 6-4　站内拓扑页面

(三) 转供模型清单

根据不同维度查询转供模型清单，查看台区和所属母线的电压变化趋势比对图、台区和推荐母线的电压变化趋势比对图，辅助用户对线变关系异常数据进行验证。并通过反馈功能或者上传文件功能将现场验证情况上传系统。

三、主要做法

线变关系分析应用产品的主要工作分为三步：第一步，对该产品涉及的能源互联网营销服务 2.0 系统、PMS 2.0 系统、用电信息采集系统、D5000 系统等的数据进行深入分析，并根据溯源到的表进行模型构建和反复演练，提高最终结果的准确性；第二步，模型构建及说明，主要对该产品涉及的线变关系分析模型进行设计、开发及业务规则说明；第三步，模型输出，该产品与数智豫电平台进行集成，以页面形式进行展示，服务于相关部门专业人员。

（一）数据来源

该产品数据主要来源于能源互联网营销服务系统、PMS 2.0 系统、用电信息采集系统、D5000 系统等，具体的数据来源架构如图 6-5 所示。

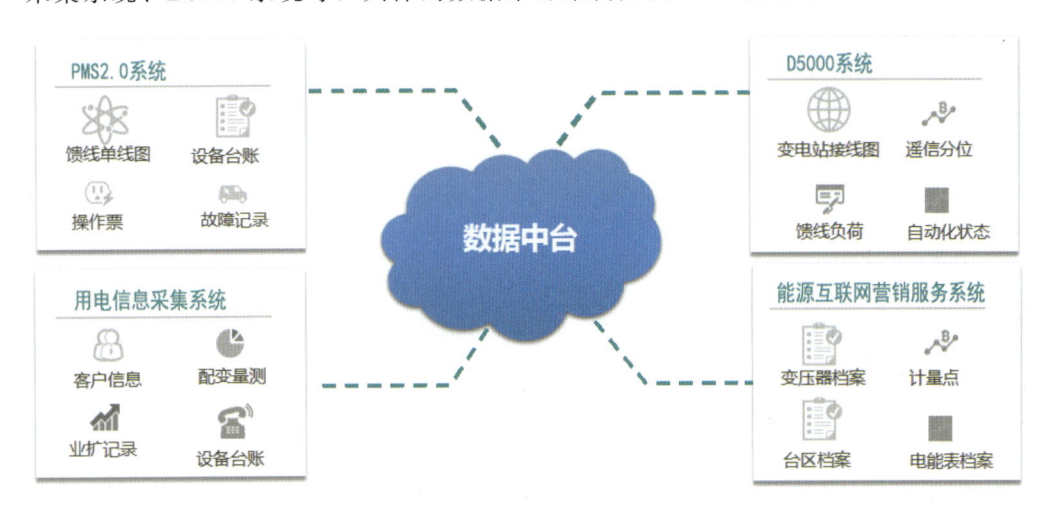

图 6-5 数据来源架构图

（二）模型原理

当线路断路器侧电压波动时，会带动本线路上配变的电压随之波动，即两者的电压曲线具有相似性；同时从网络潮流角度出发，考虑功率因素影响，建立相关系数指标，指标越大，则配变与线路负荷特征变化越相似（图 6-6）。

图 6-6　模型构建原理

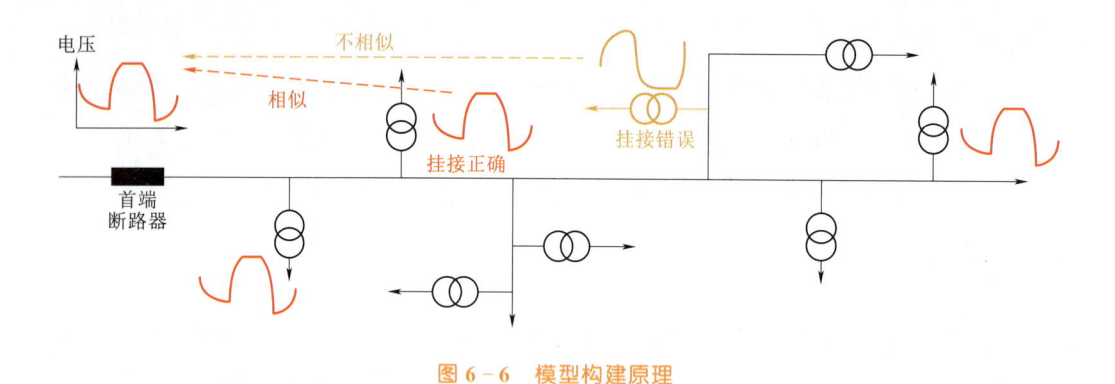

（三）模型技术

模型所用技术一是基于 Hermite 插值的数据补全技术；二是基于高斯滤波器的数据平滑技术；三是基于自适应时间窗的配变相关系数校验方法及时钟同步性调整建议等技术手段，对模型进行优化，提高数据质量，提高计算准确性（图 6-7）。

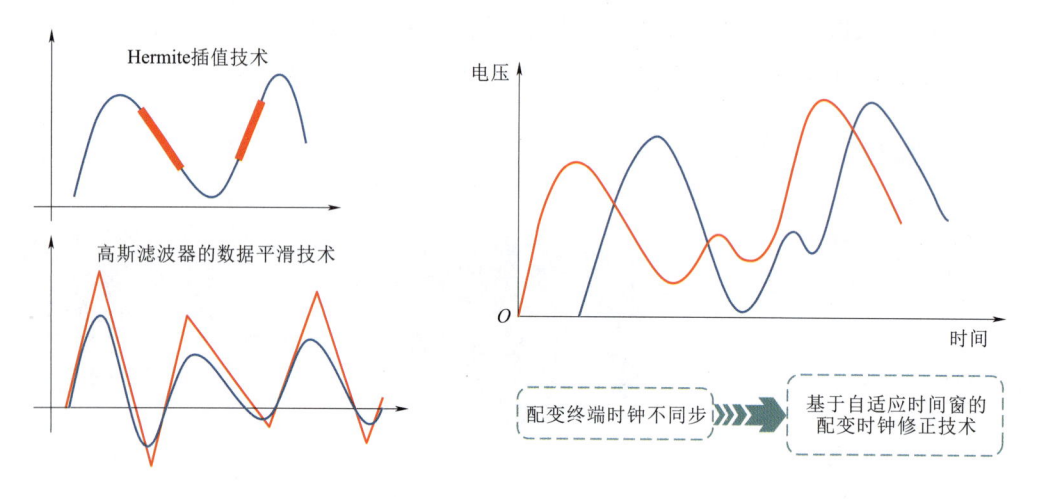

图 6-7　模型所用技术

设定阈值评判前述指标对应线变关系连接的好坏程度（图 6-8）；设定"自小他大原则"，当配变与自己所属线路相关系数低于 0.7 且与其余线路相关系数大于 0.9 时，并且 5 天至少有 4 天满足此条件，才判断为线变关系诊断错误。通过台区的电压曲线与台区同一供电单位的线路进行相关性计算。

（四）模型展示

线变关系分析应用产品与数智豫电平台进行集成，通过基层专区模块，进入线变关系分析应用。通过功能反馈和需求提报等功能，对线变关系分析应用提出

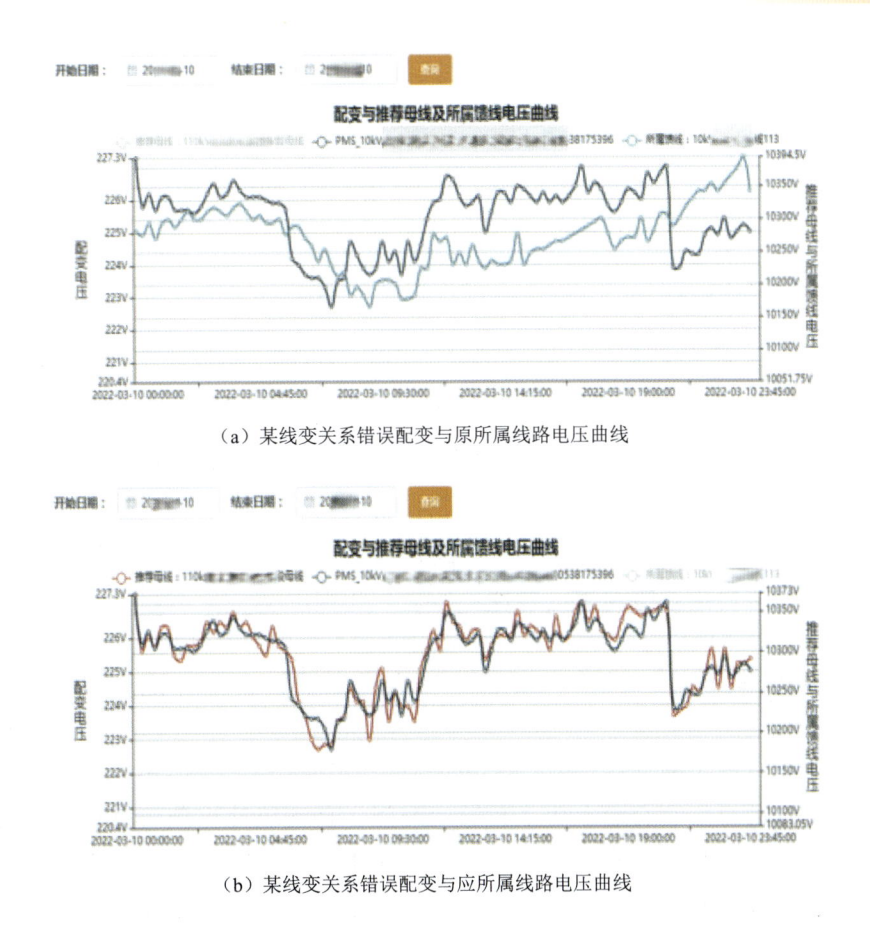

(a) 某线变关系错误配变与原所属线路电压曲线

(b) 某线变关系错误配变与应所属线路电压曲线

图 6-8 设定阈值

建议和需求。

四、成效总结

国网河南电力通过配网线变关系辨识模型规模化应用，发现问题数据超 3500 余条，累计整改线变关系错误近 3000 项，模型准确率 85.4%，其中转供电异常超 2200 项，档案关系错误异常近 700 项，有效推动电网基础数据问题整治提升。

典型案例：2024 年 6 月，模型核查出国网 L 市供电公司 20×× 公用变存在线变关系异常。经现场核实，该公变台区所属大馈线为车××线，现场工作人员告知 5 月并无倒负荷情况。业务部门通过调控中心查询，发现在 2021 年 7 月 13 日存在倒负荷记录，即车××线部分负荷倒至干××线，后经调查确定该异常原因是电网运行方式变更，由其他母线转供，并处于长期转供状态，一直未恢复原运行方式。该异常数据解决了车××线多日重载的问题,为调控中心精准负荷调度提供了数据支撑。

第三节 专变负载可视化

一、背景介绍

专变因其资产归属性质区别于公变,在业务系统中并未如公变一样设置有对其重过载情况进行专题统计和监测的模块。供电所、配电运维班、用电检查班在查看统计专变负载状态时,存在专变数据查找繁琐、重过载统计需人工、稽查难度大的问题,亟需一个能够"专变重过载自动统计、负荷曲线直观展示、临界点预警判断"的场景应用,辅助基层班组进行专变巡检,并通过数据初步定位负载异常的专变,协助稽查违约用电事件。

二、产品详情

专变负载可视化场景(图6-9)可实现"自助查数、便捷用数、一键统计",基层班组可自助查询专变最大功率和发生时间,自动统计重载、过载、超载、重过载预警的次数和时长,分析重过载趋势,设计临近重过载状态的模型并判断预警,线上直观查看专变负荷曲线、巡检专变负载状态,快速发现异常点,通过提醒用户注意用电安全、优化电力调度、现场核查等措施,保证供电服务稳定可靠,减少供电事故发生。

三、主要做法

该产品数据主要来源于能源互联网营销服务系统、用电信息采集系统。根据用电户信息、计量点用电、电能表、台区信息、日测量点功率曲线等数据关联获取专变用户用电情况,分析判定专变用户用电异常类型(图6-10)。

将能源互联网营销服务系统用电户信息、计量点用电、电能表、台区信息等数据关联获取专变用户台账信息,包含所属单位信息、台区、电能表标识、电能表资产编码、合同容量、综合倍率、用户编码、用户名称等信息。

将专变用户台账信息关联用电信息采集系统日测量点功率曲线,统计专变用户日96点功率值,生成专变用户电表负荷明细。

第六章
精准分析辅助异常治理

图6-9 专变负载可视化

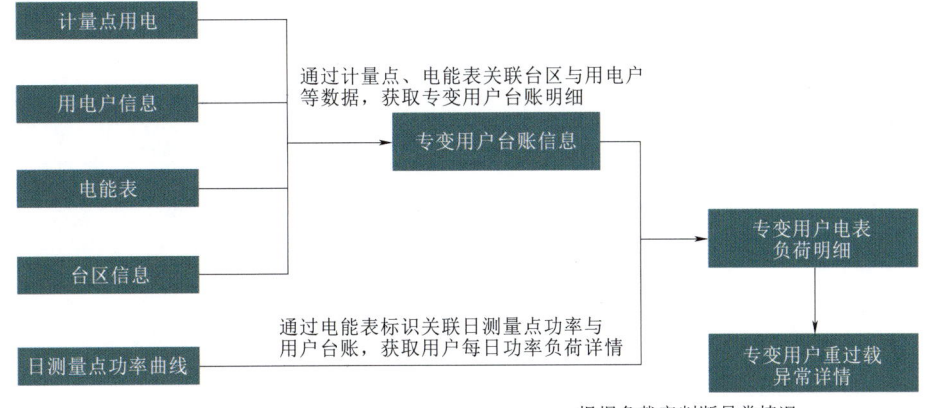

图6-10 成果数据分析流程图

根据负载率判断异常情况
重载：80%≤负载率＜100%，且持续2h
过载：100%≤负载率＜120%，且持续2h
超载：120%≤负载率，且持续2h
重过载预警：一天中生产时间段内（功率＞20kW）负载率≥80%，且时间占比超过50%

81

根据负载率＝$\frac{有功功率}{合同容量}$×100%的计算公式，计算每个专变用户96点的负载率。根据业务标准及基层班组的需求，划分为重载、过载、超载、重过载预警、正常等负载状态。

负载异常判定规则如下：

重载：80%≤负载率＜100%，且持续2h。过载：100%≤负载率＜120%，且持续2h。超载：120%≤负载率，且持续2h。重过载预警：一天中生产时间段内负载率≥80%，且时间占比超过50%。正常：当日内未发生上述异常情况。

四、典型案例

2024年11月14日，C县供电公司用电检查班通过专变负载可视化场景，发现某机械厂长期负载过高（用户合同容量为80kV·A，最大有功功率303.28kW，10月10日至11月13日期间超载60余次，累计时长超200h），疑似存在超过合同约定容量用电。用电检查班利用配变容量测试仪进行现场核查，判定其变压器容量实际为160kV·A，现场对该用户下达违约用电通知单。

第七章

科学有效促进清洁转型

第一节 光伏台区监测预警分析

一、背景介绍

在国家"双碳"目标与乡村振兴计划的推动下，受益于国家光伏政策的影响，光伏产业得到快速发展，然而随着大量分布式光伏接入并网，造成大量台区容量超容，导致光伏台区反向重过载问题频繁发生，严重影响电网安全稳定运行和优质服务水平。在光伏建设快速发展的趋势下，迫切需要构建面向基层的光伏台区监测预警分析场景，帮助基层实时感知光伏台区的发电状态，为光伏台区的重过载治理提供多样化的技术监测手段。

二、产品详情

一是基于企业级量测中心的多源数据，实现对主变、线路、台区、用户的实时监测。二是基于电网一张图的拓扑数据，实现光伏一张图的全景监测和故障研判。三是提供可视化、便捷化的数据监测视图，通过光伏县域概览、配网运行监测、光伏用户服务、数据管理、报表管理五个主题域监测。

（一）光伏县域概览

展示本单位的光伏建设情况、并网接入情况、发电运行情况和重过载告警的信息。产品按照河南省发展改革委指导意见，将台区和供电所分为红、黄、绿三类，直观地帮助业务管理部门和政府部门了解各个供电所的光伏接入情况。

（二）配网运行监测

配网运行监测界面分别从微中心、台区和电网一张图3个维度监控配网的运行情况（图7-1）。光伏微中心视图，通过实时告警轮播功能，展示当前时段正在发生的重过载台区，并通过短信功能发送给台区经理；光伏台区视图，展示本单位台区运行情况，直观反映当前正在发生的重过载台区信息；电网一张图功能，实现站—线—变的全景监测，为新能源的群调、群控提供数据支撑，改变了传统登录多业务系统的查询现状。

图7-1 配网运行监测

（三）光伏用户服务

光伏用户服务页面以用户角度开展综合应用服务，具体功能有用户发电监测、容量异常监测、光伏工单监测等应用服务。通过分析光伏用户的发电数据，实时感知用户的发电状态，以及用户的控制模块，为台区的负荷控制提供数据支撑。

（四）数据管理

数据管理页面帮助用户了解本单位的数据接入情况，为数据治理和数据质量监测提供数据支撑，直观了解数据监测范围、数据一致性和数据时效性，并基于该功能开展数据一致性治理工作。

（五）报表管理

报表管理包括供电所报表、台区报表、用户报表和台区运维报表4个报表页面，用户可按照不同单位的报表需求，定制个性化报表。目前已实现光伏数据统计、容量异常统计、电费统计、台区异常统计，并且支持数据导出。

三、主要做法

依托实时量测中心和数据中台，融合采集量测、电网设备、客户档案等跨专业数据，构建光伏监测预警分析场景，并在分布式光伏装机容量位居全省第一的A县供电公司试点应用。针对A县的主变、线路、台区、用户开展实时监测、精准预测、综合分析，提升分布式光伏可观、可测、可控能力，面向基层供电所提供基于数据视角的解决方案。

（一）数据来源

光伏台区监测预警分析场景是基于企业级实时量测中心、电网资源业务中台和数据中台的多源数据（表7-1），实现对线路、台区、用户的全景监测，其中光伏、设备台账类数据源来自数据中台（能源互联网营销服务系统、PMS 3.0系统）。量测类数据来自企业级实时量测中心（量测类数据优先使用配电自动化数据，其次为用电信息采集系统数据），对于未能实时采集的数据，以拟合预测数据作为补充。

表7-1 数 据 来 源

序号	数据类别	数据频率	数据来源	源端业务系统
1	用户、台区、线路、主变压器、变电站台账	每日	电网资源业务中台	能源互联网营销服务系统、PMS 3.0系统
2	线路、主变压器实时功率、电压、电流	5min	企业级实时量测中心	调控云
3	变压器实时功率、电压、电流	5min	企业级实时量测中心	配电自动化云主站
4	变压器实时功率、电压、电流	15min	企业级实时量测中心	用电信息采集系统
5	变压器历史功率、电压、电流	每日	数据中台	用电信息采集系统
6	发电用户历史发电量	每日	数据中台	用电信息采集系统
7	气象数据	每日	数据中台	气象系统

（二）数据挖掘

开展监测数据质量分析，部分台区受采集设备影响无法实现实时采集，需通过补采、召测等方式实现数据采集，而补采、召测的时效性难以满足分布式光伏的治理需求，需要借助智能算法计算推演，对分布式光伏台区的出力数据进行拟合，补充缺失节点状态数据，支撑分布式光伏的实时监控、精准预测和分析应用。

(三) 模型算法设计

基于光伏台区功率、容量和气象等数据，依据同台区相似、日功率相似和相邻台区功率相似的特征，构建光伏台区功率动态预测模型，通过预测功率实现采集数据缺失台区的反向重过载预测，解决因监测不及时所引起的重过载事件。

动态功率推演模型构建如下：如果台区无近15min功率数据，则使用功率动态预测模型对台区实时数据进行预测，主要分为四步（图7-2）。

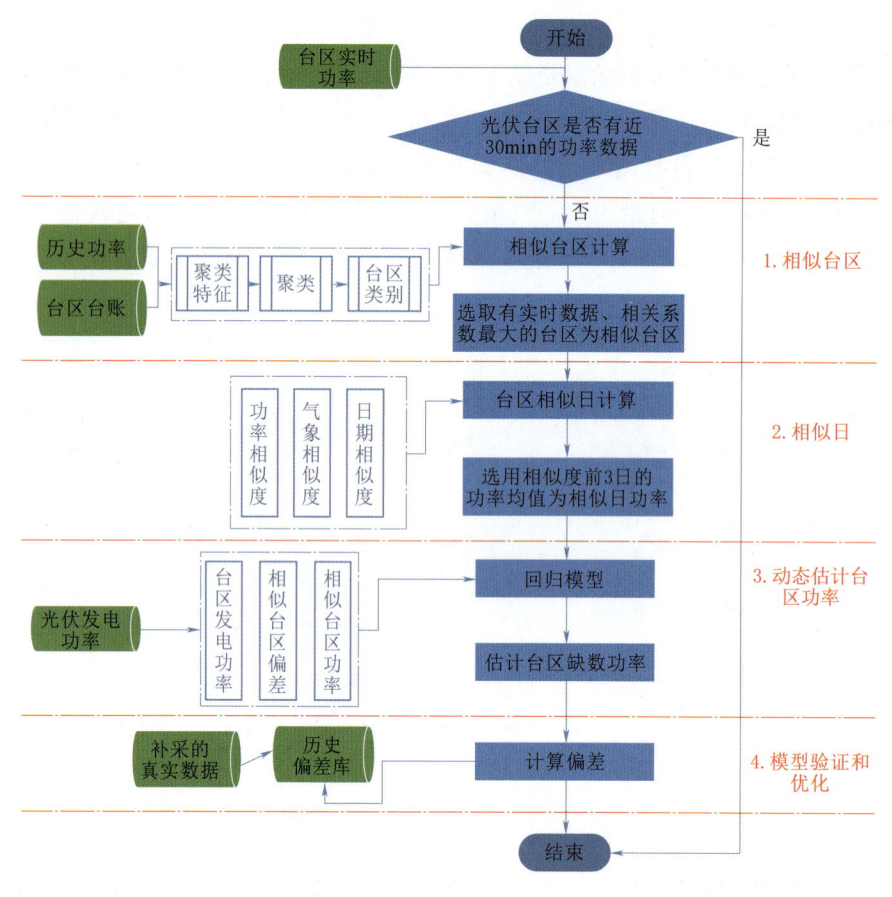

图7-2 台区功率动态预测模型

1. 开展相似台区分析

对缺数的台区自动匹配相邻的相似台区。首先，基于台区光伏渗透率、重过载次数、台区消纳率等历史数据（表7-2），聚类相似台区，获得高风险重过载、中风险重过载、低风险重过载3类台区（图7-3），其中高风险表示台区高渗透率，发生过重过载，再次发生的概率较高；中风险表示台区暂未发生重过载，但渗透率较高，未来有发生重过载的可能；低风险表示台区低渗透率、高消纳率，短期内不太可能发生重过载。其次，计算缺数台区与其他台区功率的皮尔逊相关系数，在同类台区中选取相关系数最大的台区为相似台区，相似台区与缺数台区的相关系数超过80%，强相关（图7-4）。

表7-2　　　　　　　　　　台区聚类指标说明

序号	聚 类 特 征	计 算 方 法
1	台区光伏渗透率	台区光伏装机容量/台区额定容量
2	重过载次数	台区近一个月日均重过载次数
3	台区消纳率	台区近一个月日均发电量/日均用电量
4	最大反向负载率	台区近一个月最大反向负载率
5	平均负载率	台区近一个月6～17点平均负载率

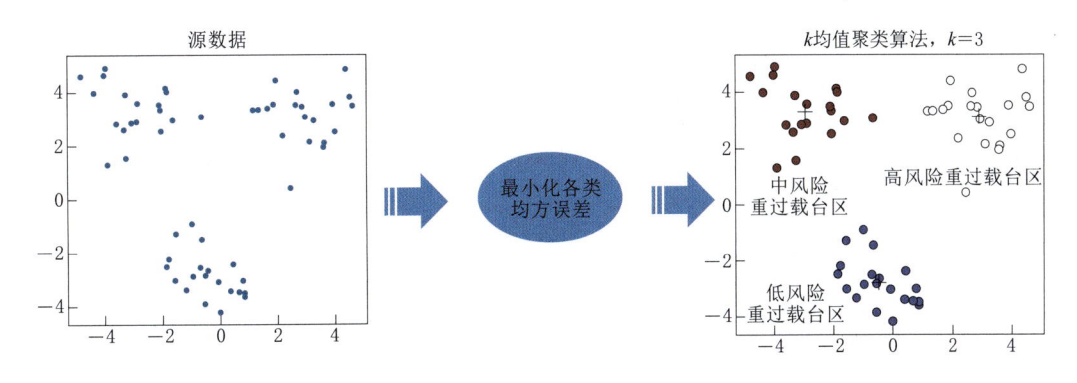

图7-3　光伏台区聚类

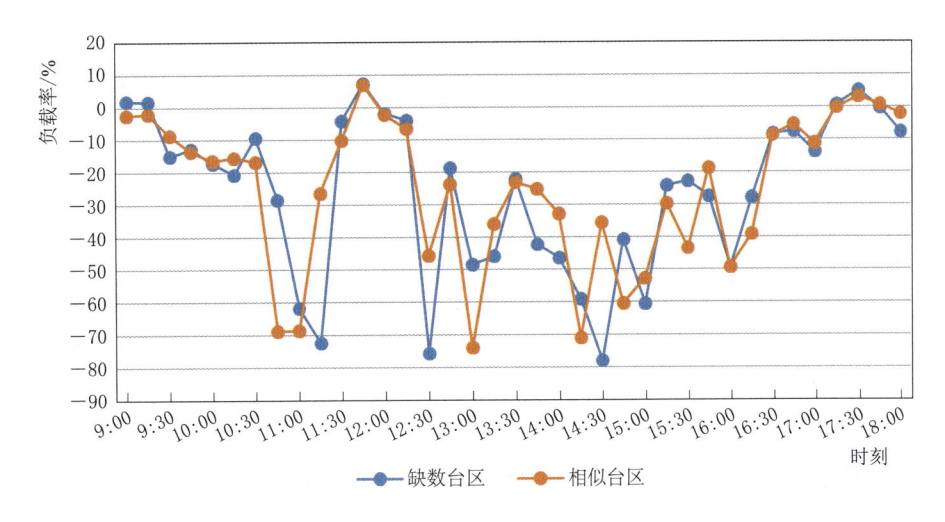

图7-4　缺数台区与相似台区负载率变化

2. 开展相似台区相似日分析

由于台区在相同气象条件下发电功率相似，因此可通过气象相似日获取功率估计（图7-5）。根据气象数据、日期数据、相似台区功率分别计算各因素相似度，通过加权求和进行汇总，获得总相似度，选用相似度前3日的功率均值为相似日功率，用以估计缺数台区功率。

总相似度＝0.4×气象相似度＋0.4×功率相似度＋0.2×日期相似度

其中

$$气象相似度 = \frac{1}{n}\sum_{i=1}^{n}\left(1 - \frac{x^i_{new} - x^i_{old}}{x^i_{max}}\right)$$

$$功率相似度 = 1 - |实时负载率 - 历史负载率|$$

$$日期相似度 = 1 - \frac{当前日期 - 历史日期}{最大天数}$$

式中　　n——气象因素的个数，包括温度、湿度、风速、云层厚度等；

x^i_{new}——最新气象；

x^i_{old}——历史气象；

x^i_{max}——分析周期内最大气象；

最大天数——选择相似日的区间，考虑运行速度和效果，经过多次迭代，最大天数定为180天。

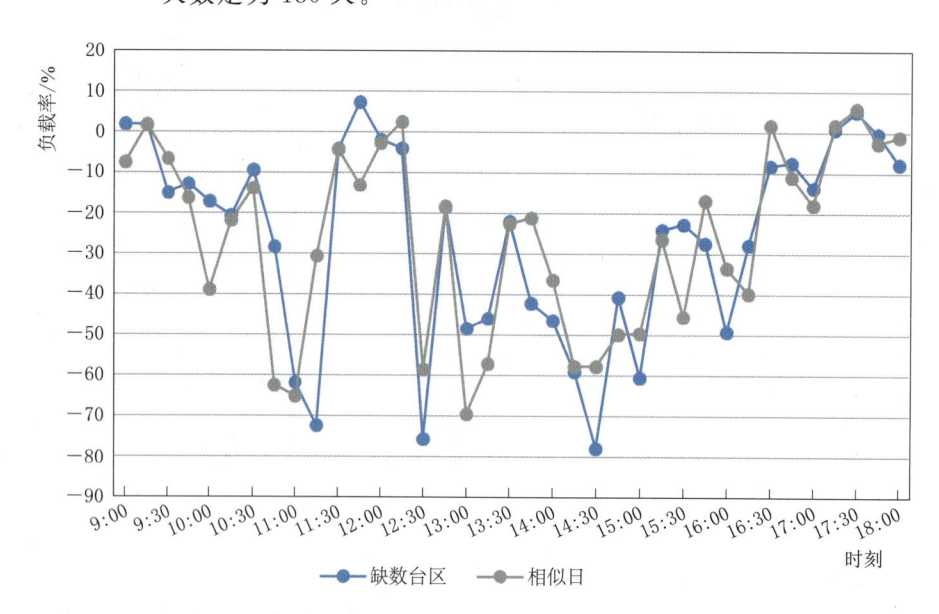

图7-5　缺数台区与相似日负载率变化

引入日期相似度主要是考虑到台区内光伏新增容量较多，日期距离越近，装机容量变化越小，功率相似度也越大。

功率相似度的引入是考虑到台区功率不仅受气象影响，还受到自身其他因素影响，如居民用电习惯等。如果功率相似度＜0，则功率相似度＝0。

3. 开展缺数台区功率动态估计

基于相似台区功率、相似日功率、光伏发电功率、相似台区偏差（图7-6），使用机器学习算法，以预测误差最小为目标，对模型进行不断调参调优，挖掘各特征与台区实际功率的影响关系，获得台区功率估计模型，从而估计缺数台区功率。

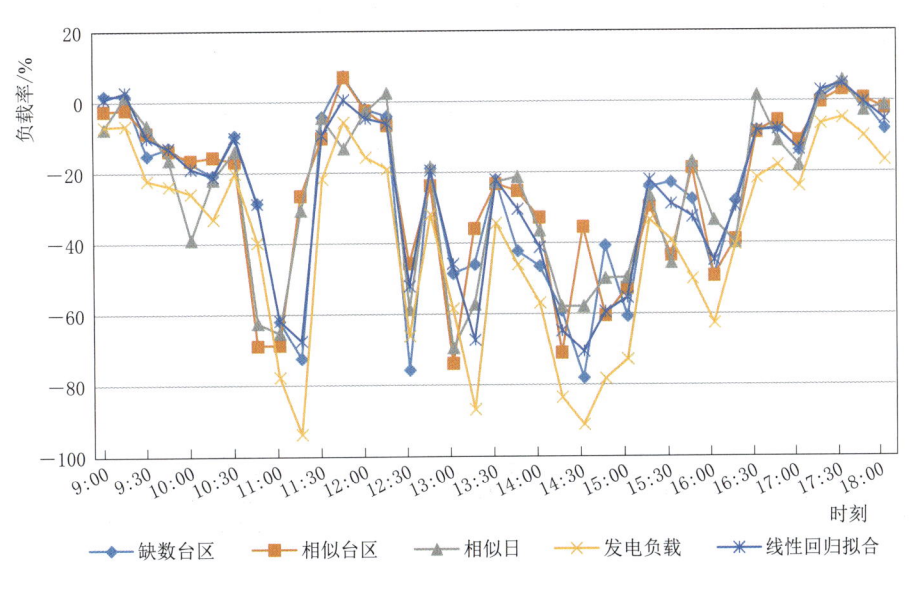

图7-6 各指标负载率变化

模型可表示为

估计负载＝x_1×台区发电负载＋x_2×相似台区功率＋x_3×相似日功率＋x_4×相似台区偏差＋常数项

其中

$$发电负载 = \frac{台区内光伏发电功率和}{台区容量}$$

式中　x_1、x_2、x_3、x_4——各特征的影响权重，各个台区都不完全相同，整体来看，发电负载的权重较大，见表7-3。

表7-3　　　　　4个台区指标权重

台区	发电负载	相似日负载	相似台区负载	相似台区误差	常数项
1	0.540	－0.056	0.014	0.016	0.103
2	0.739	0.187	0.146	－0.154	0.074

续表

台区	发电负载	相似日负载	相似台区负载	相似台区误差	常数项
3	0.524	0.232	0.005	0.216	0.129
4	0.472	−0.003	3.334	−0.026	0.006

4. 开展模型验证和优化

模型预测结果将与用电信息采集系统召测和补采的功率数据进行对比（图7-7），计算预测误差，把误差存入历史误差库中，若误差大于5%，模型将重新进行参数训练。

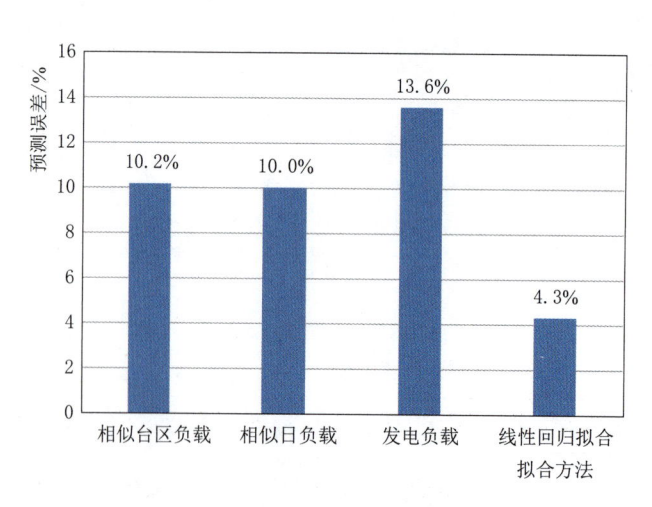

图7-7 各指标与真实数据的预测误差

（四）预测模型及结果分析计算

模型预测结果（图7-8），预测功率与召测实际功率相比，偏差在±5%之间，可满足现场重过载的治理需求。模型适用性广，无需完备的光伏用户实时数据，应用范围更广。并且运算速度快，无需计算用户功率变化，运行速度较快，可满足5min频次的数据预测需求。

四、成效总结

（一）应用成效

A县供电公司自2023年6月开展试点应用以来，实现了"一清零两下降"的工作目标：一是实现光伏反向重过载动态清零，前半年累计发生8台主变上翻、12条10kV线路上翻和120余个台区重过载，试点应用后光伏反向重过载动态清

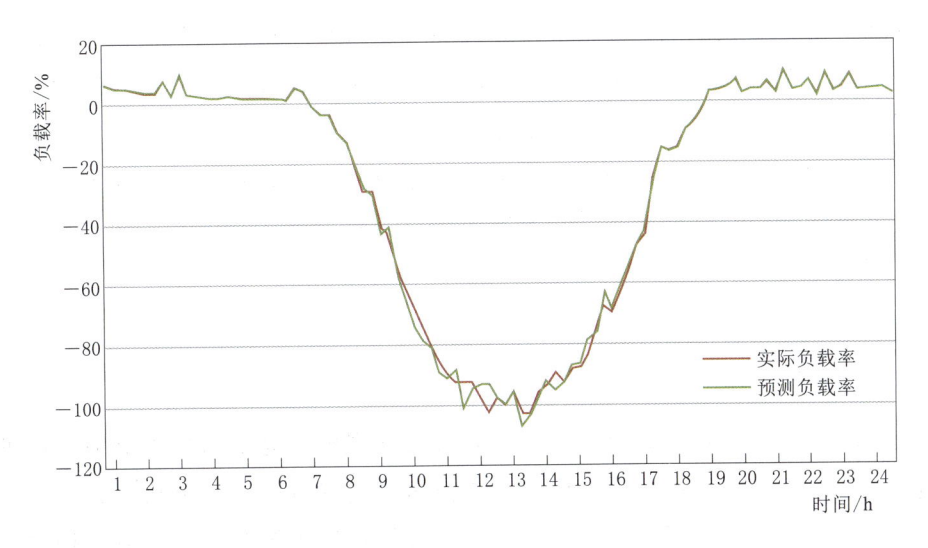

图 7-8　光伏台区负载率预测结果

零；二是实现电网负载率下降，其中主变上翻负载率下降 57% 以上，10kV 线路负载率下降 20% 以上；三是实现光伏投诉工单下降，应用以来未新增光伏工单投诉，意见、咨询类工单由应用前的月平均 4 起降至 2 起，极大提升了 A 县供电公司光伏上翻治理能力。

（二）数据成效

坚持以用促治，以用提质，依托试点场景应用对 A 县供电公司 5000 余个台区 PMS 系统数据、能源互联网营销服务系统数据、用电信息采集系统数据开展多维数据治理，发现并治理能源互联网营销服务系统和配电自动化系统数据不一致、用电信息采集系统监测数据缺失、监测数据异常等问题数据 65 项，解决了试点地区数据"底子不清、情况不明、数值不实"的问题，并优化企业级实时量测中心数据传输链路及数据共享服务，实现数据流转运行状态 5min 实时监控，有效确保各类数据的及时性和完整性。

第二节　分布式光伏接入承载力分析

一、背景介绍

随着国家双碳目标提出，为加快构建以新能源为主体的新型电力系统，国家能源局通知推进整县屋顶分布式光伏开发试点建设，分布式光伏进入新一轮快速发展周期。国网公司陆续印发《关于印发积极支持科学服务整县屋顶分布式光伏开发工作指引的通知》《关于加快推进新型电力系统建设重点工作的通知》等文件，均明确提出支持分布式光伏发展建设。

为推动分布式光伏健康发展，国网河南电力开展分布式光伏接入承载力分析工作，对光伏接入给配网运行带来的影响进行量化分析，为分布式光伏科学、有序、合理、健康发展提供数据分析支撑。

二、产品详情

分布式光伏接入承载力分析产品从光伏发展规模、光伏可接入能力、对供电质量影响等方面开展全面监测分析，构建分布式光伏发展规划分析、光伏可开放容量计算、光伏配变运行异常监测、分布式光伏功率预测分析四个业务场景，提升分布式光伏可观、可测、可控管理水平。

（一）分布式光伏发展规划分析业务场景

分布式光伏发展规划分析（图7-9），按地市展示各单位分布式光伏整体情况，并统计各地市光伏用户数；通过选择地市与分布式光伏发展趋势、净增容量和用户数、电压等级占比、并网类型及占比、并网类型发展趋势和不同电压等级发展趋势进行联动数据展示。各地市并网发展容量和用户数根据选择时间展示各地市并网发展容量和并网用户数。

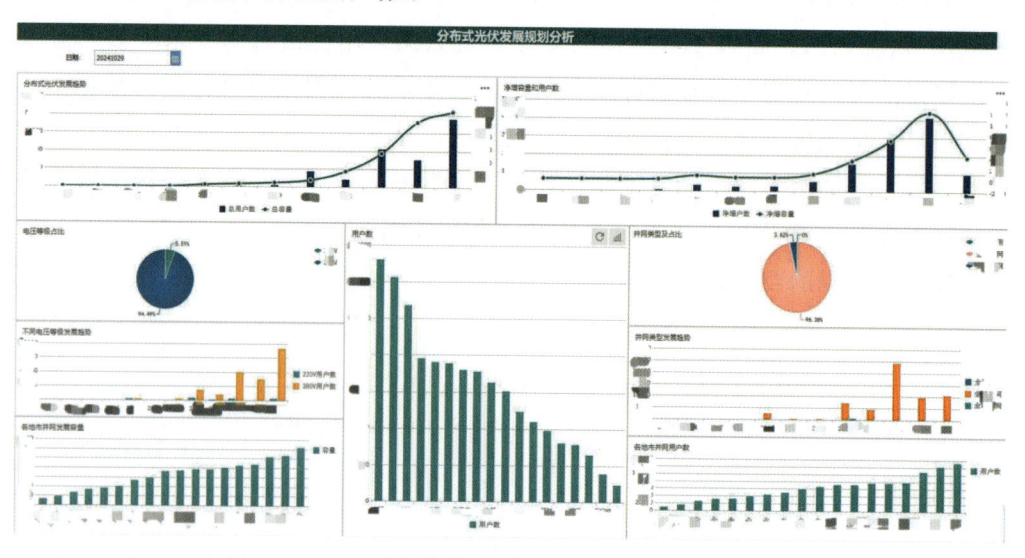

图7-9 分布式光伏发展规划分析

(二)光伏可开放容量计算业务场景

光伏可开放容量计算业务场景（图 7-10），按地市展示各单位分布式光伏用户分布情况，并统计地市分布式光伏总用户数；通过选择地市和时间，对光伏总用户数、可接入开放容量、额定可开放容量、已接入开放容量、剩余可开放容量、台区状态监测、光伏台区渗透分布和光伏台区可开放容量明细进行联动数据展示。

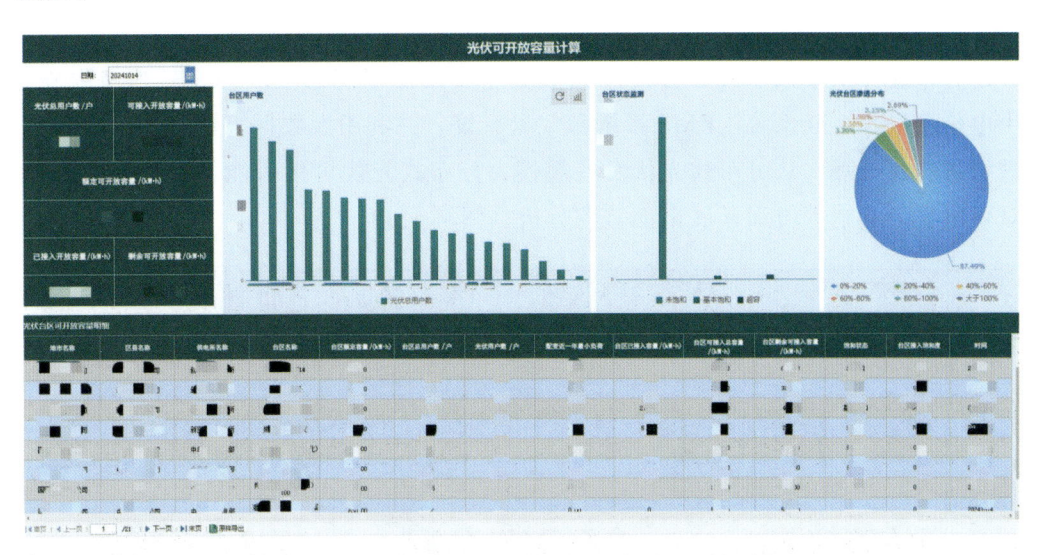

图 7-10 光伏可开放容量计算

(三)光伏配变运行异常监测业务场景

光伏配变运行异常监测业务场景，根据地市、日期条件展示重过载配电数量分布情况；通过选择地市和时间，将过电压及超容用户、重过载分布和光伏配变运行异常监测明细表进行联动数据展示；台区反向重过载分布中，按照时间展示各地市严重过载情况并进行排序。

(四)分布式光伏功率预测分析业务场景

分布式光伏功率预测分析业务场景，运用大数据分析技术构建复合式长期功率精准预测模型，根据地市和时间维度，输出未来 72h 发电功率，按日更新数据，展示光伏功率预测信息和光伏发电功率明细数据，提供精准的数据决策依据。

三、主要做法

分布式光伏接入承载力分析产品的实施工作主要分为三步：第一步，对该产品涉及的能源互联网营销服务系统、用电信息采集 2.0 系统、PMS 系统和气象系统数据进行深入分析，对使用到的数据表进行溯源，并根据溯源表进行模型构建和反复演练，从而提高最终结果数据的准确性；第二步，数据表构建及模型说明，主要对该产品涉及的 9 个模型进行构建、开发及业务规则说明；第三步，模型输出，该产品以数据服务、可视化报表等形式共输出四个页面，服务于营销、设备、调度、数字化等部门相关专业人员。

（一）数据来源

分布式光伏接入承载力分析产品数据主要来源于能源互联网营销服务系统、用电信息采集 2.0 系统、PMS 系统和气象系统，并利用大数据算法模型，对数据进行清洗、处理，从分布式光伏发展规模、分布式光伏可接入能力、分布式光伏对供电质量影响等方面开展全面监测分析（图 7-11）。

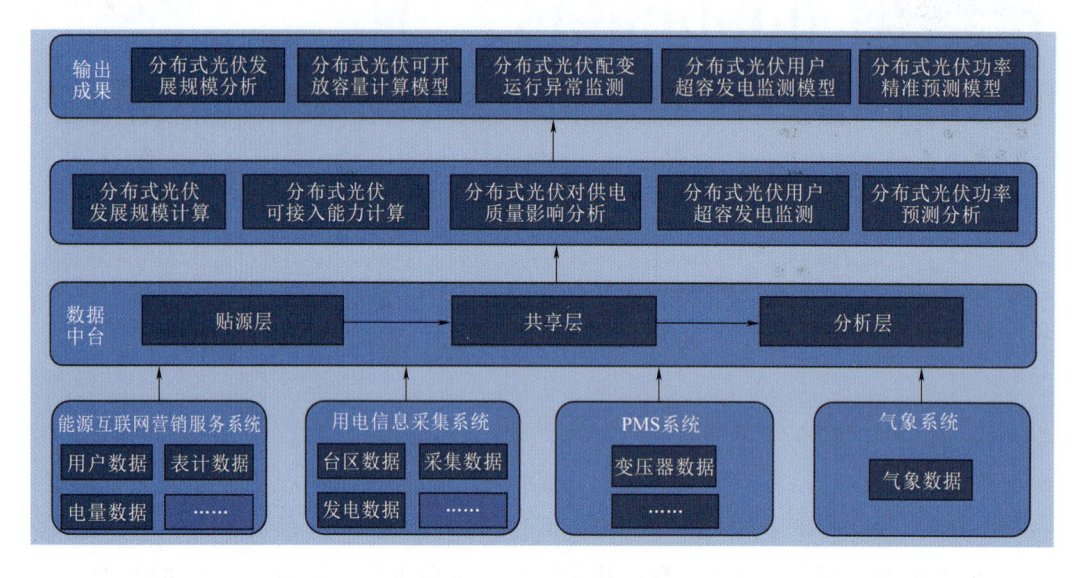

图 7-11 数据来源架构图

（二）数据挖掘

1. 分布式光伏发展规划分析

通过对分布式光伏用户的数据进行挖掘分析，将装机容量、接入电压等级、用户并网类型等数据进行关联和加工，形成装机容量统计分析模型、户均容量统计分析模型、装机容量变化趋势分析模型。

2. 台区可开放容量计算

通过对各县域备案的可开放容量数据进行挖掘分析，将设备的额定容量、可开放容量等数据进行汇总计算，构建台区可开放容量计算模型。

3. 光伏配变运行异常监测

通过对分布式光伏用户接入的台区数据进行挖掘分析，将台区光伏用户合同容量、台区额定容量、台区配变功率等数据进行关联和加工，形成台区渗透率监测模型、光伏用户过电压监测模型、台区反送负载监测模型。

4. 分布式光伏功率预测

通过对光伏用户功率数据进行挖掘分析，将光伏用户档案、日测量点功率曲线和气象数据进行关联加工，利用长短期记忆网络构建长期预测模型。

（三）模型算法设计

通过对光伏用户进行深入分析，构建出装机容量统计分析模型、户均容量统计分析模型、装机容量变化趋势分析模型、台区可开放容量计算模型等八个模型。具体模型规则如下所示：

1. 分布式光伏发展规划分析

模型一：装机容量统计分析模型

$$区域装机容量 = \sum 区域光伏用户合同容量$$

模型二：户均容量统计分析模型

$$区域户均容量 = \frac{\sum 区域光伏用户装机容量}{\sum 区域光伏用户数}$$

模型三：装机容量变化趋势分析模型

$$区域装机容量变化趋势 = \sum 区域截至本日光伏用户装机容量 - \sum 区域截至上日光伏用户装机容量$$

2. 台区可开放容量计算模型

$$台区可开放容量 = 台区额定容量 \times 0.8 - 并网容量 - 在途容量$$

当台区可开放容量小于 0 时，认为该台区没有可开放容量。

3. 光伏配变运行异常监测

模型一：台区渗透率监测模型

$$台区渗透率 = \frac{\sum 台区光伏用户合同容量}{台区额定容量}$$

根据台区渗透率值按照分组区间范围进行数据统计。

模型二：光伏用户过电压监测模型

根据光伏用户的电压值计算越限超过 7% 的用户并根据区域范围进行数据统计。

模型三：台区反送负载监测模型

$$台区负载率 = \frac{台区配变功率}{配变额定容量}$$

4. 分布式光伏功率预测

利用长短期记忆网络构建长期预测模型。制定适应天气类型下参数优化策略，从而构建最优的预测模型（图 7-12）。

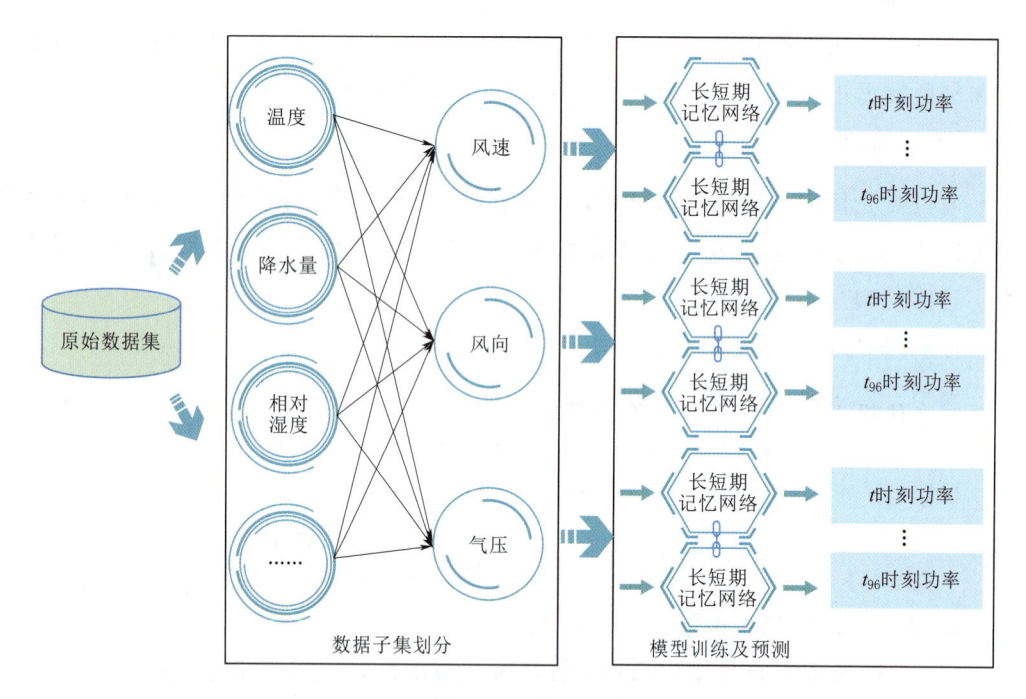

图 7-12 长期功率预测模型流程图

（四）模型结果统计分析

产品共包含分布式光伏发展规划分析、分布式光伏可开放容量计算、分布式光伏配变运行异常监测、分布式光伏功率预测分析四个页面，并基于数据分析服务目录、报表中心、数智豫电等平台推广应用，共输出结果表六张（表 7-4）。

表 7-4　　　　　分布式光伏接入承载力分析结果表

场景名称	结果中文表名	结果表说明
分布式光伏发展规划分析	分布式光伏整体情况	用于存储每日装机容量统计数据
分布式光伏可开放容量计算	台区可开放容量结果	用于存储每日台区可开放容量的明细数据

续表

场景名称	结果中文表名	结果表说明
分布式光伏配变运行异常监测	台区渗透率监测结果	用于存储每日台区渗透率明细
	台区反向重过载监测结果	用于存储台区反向重过载明细
	光伏用户过电压监测结果	用于存储每季度光伏用户过电压明细
分布式光伏功率预测分析	功率预测结果表	未来72h负荷预测结果表

四、成效总结

国网河南电力基于分布式光伏接入承载力分析产品测算出台区剩余可接入容量数据，为2万余条分布式光伏业扩报装工单提供了理论依据，将光伏并网工单处理时长由一天缩短至3min。自分布式光伏接入承载力分析场景应用以来，未出现新增光伏投诉工单，意见、咨询类工单量降低50%，有效提高了客户服务质量，降低了投诉风险。

第四篇

赋能经营管理提升篇

第八章

缜密布局辅助领导决策

第一节 全省自用电量情况解读

一、背景介绍

为了明晰用户自用能电量变化趋向，进行分析对比，有效察觉潜在问题，采取针对性措施对自用电量实施优化管理，从而降低运营成本，提升能效水平，推动实现可持续发展，需要定时对自用能源电量进行分析，在此之前，此项工作依赖于后勤人员每月在用电信息采集系统中手工查询统计，工作效率低、流程繁琐、容易出错。

二、产品详情

国网河南电力结合基层需求构建了全省自用电量情况成果（图 8-1），展示各用户自用能源电量信息，解决计量人员、后勤人员双向负担，减少人工录入容易出错等问题，为办公能耗管理提供数据支持，为绿电消费管理提供有力支撑。

三、主要做法

全省自用电量情况成果结合能源互联网营销服务系统的用电客户信息、运行电能表信息及用电信息采集系统日冻结电能示值等数据进行关联处理，得到自用电用户的月初电能示值及综合倍率，并根据本月月初示值、上月月初示值及倍率计算上月用电量数据，形成全省自用电量情况成果（图 8-2）。

将能源互联网营销服务系统用电客户信息与运行电能表信息通过用户标识关联，按照用电客户的客户分类进行筛选，得到自用电用户台账信息，包含用户标

第四篇
赋能经营管理提升篇

图 8-1 成果详情

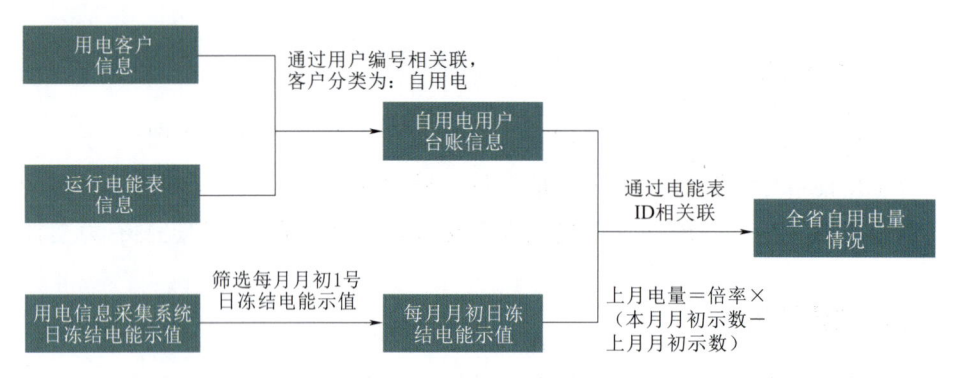

图 8-2 成果数据分析流程图

识、用户名称、用户状态、运行容量、电能表资产编码和倍率等信息。

将用电信息采集系统的日冻结电能示值按照数据日期进行筛选，筛选每月月初的日冻结电能示值。

将自用电用户台账信息与每月月初日冻结电能示值通过电能表标识进行关

联，根据本月月初示值、上月月初示值及倍率计算上月的用电量数据，形成全省自用电量情况成果。

计算规则：上月电量＝倍率×（本月月初示数－上月月初示数）。

四、典型案例

国网河南电力后勤工作人员通过使用基层数据服务专区全省自用电量情况成果，可及时查询办公场所等各类自用电能耗、节能数据，用于每月自用电量分析统计。工作人员可选择需要的数据一键导出表格，避免逐条查询计算用电数据，节约数据分析时间，简化工作流程，减少错误率，单人单次整理统计时长由 5 小时缩减到 10min，工作效率提升 90% 以上。

第二节　供电所经营质效评价

一、背景介绍

国网河南电力多维精益管理体系建成后，变革成效初显，实现省公司、地市、县公司多维信息多层级精益反映，但在供电所层级业财信息贯通方面，还存在跨部门业务流程尚未全面贯通、业财信息数据难以准确归集及分摊至供电所等问题。按照进一步深化内部模拟市场建设的工作要求，国网河南电力组织开展全省供电所经营质效评价推广实施工作。

二、产品详情

供电所经营质效评价根据价值贡献评价需细化至供电所层级的业务需求，将收入、成本、资产原值、售电量等分散于各系统中的数据接入至数据中台，构建基于数据中台以及可视化展示平台的供电所经营质效评价分析场景，支撑供电所经营质效评价体系指标的自动生成及可视化排名展示。通过供电所供电毛益自动计算、经营质效评价自动发布，推动供电所业务转型，以科技手段为员工减负赋能，支撑供电所经营辅助决策分析。

（一）总体界面

供电所经营质效评价体系主要包括经营效益、营销管理、供电服务、电网运维和精益管理五部分九大类指标。总体界面（图 8-3）可分别展示市域、县域以及供电所层级的相应排名、得分、最高分、最低分等信息，并可与往期数据进行对比,展示历月数据波动情况。通过详细展示各供电所的九个指标得分情况,以及近几期数据对比分析,可支撑各供电所及时发现管理疏漏点,找准管理提升点。

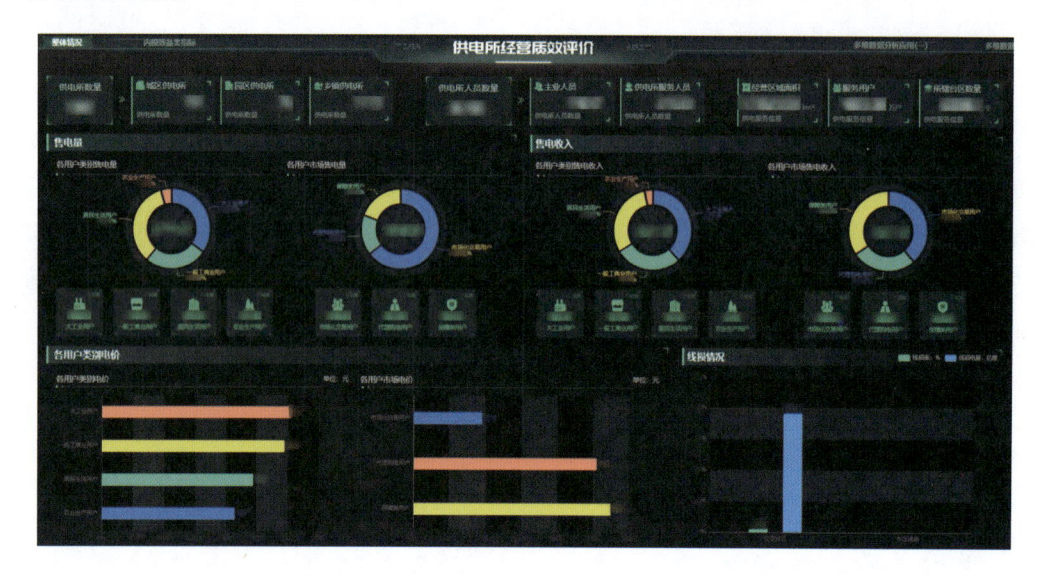

图 8-3 总体界面

(二) 经营效益

经营效益指标包含度电毛益、度电收入、度电成本三个财务指标,可量化反映供电所的盈利能力,引导落实花钱问效理念,着力提升投入产出水平。经营效益指标总计 80 分,其中度电毛益 30 分,度电收入 25 分,度电成本 25 分。

1. 度电毛益

度电毛益由供电所各项收入及支出计算得出,并除以售电量,得出每度电的毛益金额,体现供电所当期每度电的收益情况。度电毛益场景,可展示供电所的 2 类收入、6 类成本的实际金额,以及最终的度电毛益金额。度电毛益指标总计 30 分。

2. 度电收入

度电收入由电费收入、电费违约金收入计算得出,除以售电量,得出每度电的收入金额。度电收入场景,可展示大工业用户、一般工商业用户、农业生产用户、居民生产用户等用户类别的金额,也可按市城区网格化、县域乡镇、县城区网格化分类展示排名。度电收入指标总计 25 分。

3. 度电成本

度电成本可分为购电成本和非购电成本两大类,其中非购电成本又细分为人工成本、检修三费、折旧费、营销服务支出、其他运营支出五类。度电成本场景，可具体展示每类成本的费用构成，如人工费中的职工教育经费、工会经费、职工福利费等的总金额及其农维、非农维金额。度电成本指标总计25分。

（三）营销管理

营销管理指标包含电费回收率和公变台区线损率两部分，总计20分。该场景可按市域、县域以及供电所层级分别展示相应排名、得分、得分率、最高分、平均分等信息。

（四）供电服务

供电服务指标包含供电服务质量指数和低压业扩服务时限达标率两部分，关联业务营销服务质量相关指标开展营销成本投入与产出关联性分析，引导各单位提高报装效率，提升供电服务质量水平，总计20分。该场景可按市域、县域以及供电所层级展示相应排名、得分、得分率、最高分、平均分等信息。

（五）电网运维

电网运维指标包含配电业务管理指数和中压线路线损率两部分，选取营销、运检专业与"量、价、费、损"直接相关的业务指标，反映供电所运营效率和质量，引导各单位改善业务薄弱环节和短板指标，提升成本投入的合理性和有效性，总计30分。该场景可按市域、县域以及供电所层级展示相应排名、得分、得分率、最高分、平均分等信息。

（六）精益管理

精益管理指标是基于财务分析需求新增的评价指标，该指标不参与供电所考核的总分值计算，但可用于分析供电所每万元资产的检修成本高低以及农维收支结余情况。精益管理指标包含万元资产检修成本和农维收支分析两部分。

1. 万元资产检修成本

供电所万元资产检修成本，由供电所检修三费成本支出和相应供电所的资产原值计算得出每万元资产的检修成本。万元资产检修成本场景可按市域、县域以及供电所层级展示相应排名、金额、平均值、最高值、最低值等信息。

2. 农维收支分析

供电所农维收支分析，通过各供电所的农村电网维护费收入，以及人工成本、检修成本、折旧成本、营销服务支出、其他服务支出中的农维支出计算得出，可展示供电所的农维收支结余情况。农维收支分析场景可按市域、县域以及供电所层级展示相应排名、金额、平均值、最高值、最低值等信息。

三、主要做法

供电所经营质效评价体系通过分批实施推广实现全省常态应用。依托多维精益管理体系，开展内部模拟市场建设，建立覆盖全省供电所的经营质效评价体系，量化反映供电所投入产出水平，支撑业务部门辅助经营决策，通过权限下放、绩效引领、考核评价、薪酬联动，实现激发基层组织价值贡献内生动能，促进资源合理配置、作业效率改善和经济效益提升，服务公司提质增效。

（一）基础数据治理

依托多维精益管理变革，将财务管理单元由市县公司级细化至部门班组级，以供电所为最小单位，汇聚现有ERP系统、财务管控系统等业务数据，构建成本费用分摊归集模型，完成1600余个营销基础组织与1300余个供电所成本中心对应确认，合理归集、分摊供电所收入和成本，实现供电所内部模拟利润精准考评。

（二）数据支撑服务

构建供电所投入产出分析模型，完成300余张供电所报表取数逻辑调整，支撑各单位围绕内模效益和专业产出指标，按月度、季度开展供电所经营质效评价。

（三）数据分析应用

构建12个可视化业务展示场景，确保不同地区、单位、供电所之间数据同质可比。

（四）数据来源

以数据中台为核心完成数据集成，原始业务数据接入数据中台后，经过清洗、转换之后，通过数据模型完成指标得分、排名计算，自动输出度电毛益测算表、农维收支结余分析、万元资产检修成本等结果，并将此结果集成至搭建的可视化展示界面，实现与业务用户交互和展示，技术路线及数据来源架构如图8-4所示。

汇聚数据主要涉及供电所（含供电中心、用电服务班）售电量、台区售电量、台区供电量、售电收入、电力用户数、电费管理、台区线损管理水平、中压线路线损率、供电服务质量指数、低压业扩服务时限达标指数。

（五）数据挖掘

1. 数据连接

采用数据中台标准架构（图8-5）进行实现，其中业务数据通过ETL工具

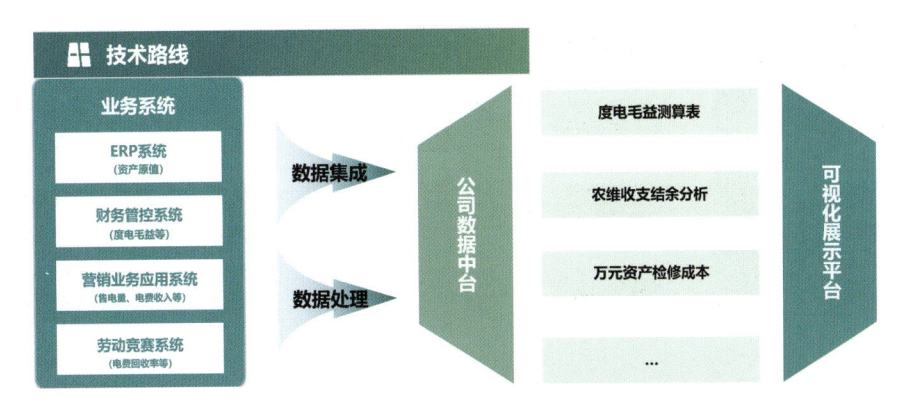

图 8-4 技术路线及数据来源架构图

自动集成进入数据中台，利用其海量计算与大数据分析能力，实现对源端业务数据的运算与归集，达到数据共享，并进行数据应用。将每个会计期间发生的人工成本、折旧成本、检修成本、营销服务支出、其他运营支出、购电成本通过合理的分摊模型反映到每一个供电所，得到每个供电所的成本信息。

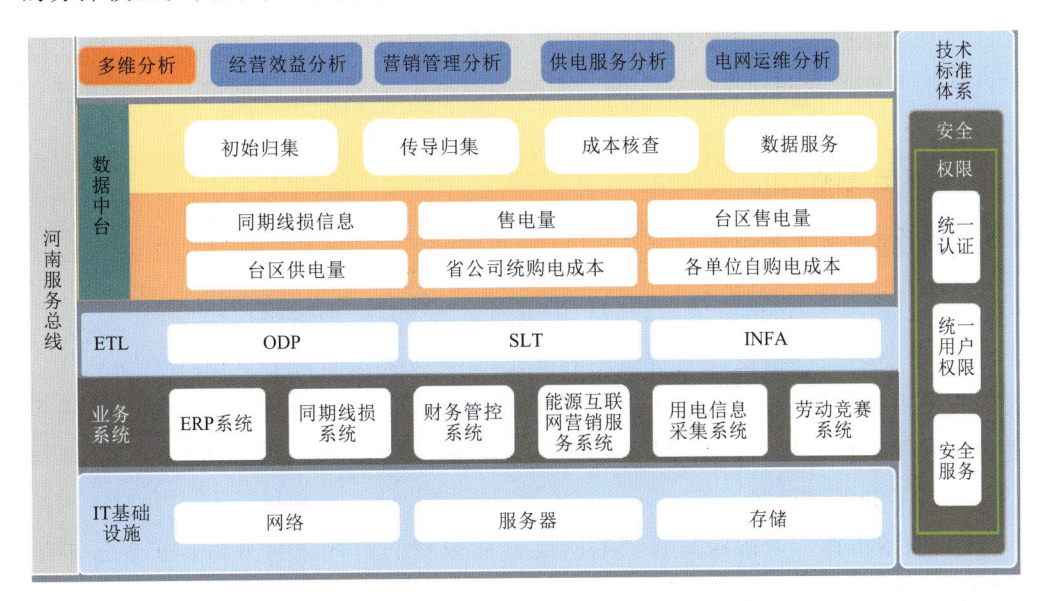

图 8-5 数据中台标准架构

2. 数据清洗规则及流向概览

源端专业管理系统数据汇聚至数据中台后，通过企业属性、归集方式、业务覆盖等筛选条件，对业务源表信息进行数据清洗及分类组合，结合业务指标运算逻辑，最终形成指标综合计算模型（图 8-6），为可视化平台指标分析结果展示提供坚实的数据基础。

第四篇 赋能经营管理提升篇

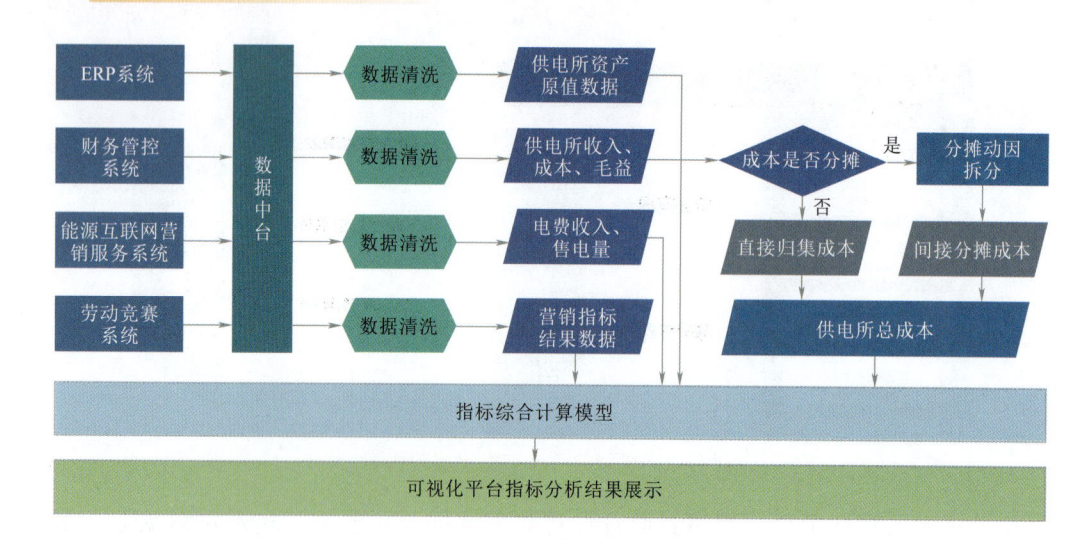

图 8-6 数据清洗规则及流向概览

3. 指标说明

（1）供电模拟利润增长率。

1）模型设计。本指标对各供电所供电模拟利润增长情况进行分析，反映各供电所供电模拟利润动态增减变动，实现各供电所不同年度（同期）经营情况对比分析。

2）模型规则。

$$模拟利润增长率 = \frac{供电所模拟利润 - 供电所上年同期模拟利润}{供电所上年同期模拟利润} \times 100\%$$

$$供电所模拟利润 = 供电所收入 - 供电所成本$$

3）模型输出。实现供电所模拟利润绝对值及增长率在本单位（区域）及全省的横向对比分析，并对影响供电模拟利润增长率的供电收入、供电成本增长率进行关联性对比分析，确定具体影响供电模拟利润增长情况的制约因素。

（2）度电模拟利润。

1）模型设计。本指标对各供电所度电模拟利润情况进行分析，实现各单位（区域）内供电所经营情况的横向对比分析。

2）模型规则。

$$供电所供电模拟利润 = 供电所当期实际收入 - 供电所当期实际发生成本$$
$$= （售电收入 + 反窃查违收入） - （模拟购电费 + 直接归集成本 + 按动因分摊成本）$$

$$度电模拟利润 = \frac{供电所供电模拟利润}{供电所当期售电量}$$

3）模型输出。实现各供电所度电模拟利润在本单位、本区域及全省的横向对比，同时满足不同类型（市城区网格化、县城区网格化、乡镇）供电所对比分析。在此基础上，对影响度电模拟利润的关联性指标度电收入及度电成本进行分析，重点对供电所成本（人工成本、检修三费、折旧费、营销服务支出、其他运营支出）开展结构性分析，并对每类成本进行明细分析。

（3）单位电量营销服务成本。

1）模型设计。本指标对各供电所单位电量营销服务成本开展分析，实现各单位（区域）供电所营销服务成本的结构性分析，进一步优化营销服务成本合理投入。

2）模型规则。

$$单位电量营销服务成本 = \frac{营销服务成本}{供电所当期售电量}$$

3）模型输出。实现各单位（区域）供电所单位电量营销服务成本在本单位、本区域及全省的横向对比，同时满足不同类型（市城区网格化、县城区网格化、乡镇）供电所单位电量营销服务成本对比分析。在此基础上，开展供电所营销服务成本（客户服务费、代收代扣电费手续费、业务推广费、终端通信费、停电通知广告费、电费发票印制费、抄表服务费、电动汽车服务费、电费充值卡制作费、窃电举报奖励费）结构占比分析。

（4）万元资产检修运维成本。

1）模型设计。本指标根据各供电所万元资产检修运维成本支出情况，反映供电所资产规模与检修运维成本关联关系，实现各单位（区域）内供电所万元资产检修运维成本对比分析，优化资产检修运维成本的合理投入。

2）模型规则。

$$万元资产检修运维成本 = \frac{资产检修运维成本}{供电所资产原值} \times 10000$$

3）模型输出。实现各单位（区域）供电所万元资产检修运维成本在本单位、本区域及全省的横向对比，在此基础上，开展供电所自有资产（用电设备、通信线路及设备、自动化控制设备、信息设备及仪器仪表、制造及检修维护设备、生产管理用工器具、运输设备、房屋、建筑物）及台区资产（变电设备、配电线路及设备）大类分析，并对各资产类别下资产原值进行占比分析。在成本支出结构分析中，对检修运维成本开展按照科目（自营材料费、外包材料费、外包检修费）及专业分类（生产检修、营销检修）进行结构性分析。

四、成效总结

供电所经营质效评价体系已经实现全省常态应用，202×年，国网河南电力整体售电量同比增长 7.32 个百分点，综合计划线损率同比降低 1.45 个百分点。有效助力构建供电服务员工"三大纪律、八项注意"绩效考核体系，涵盖安全廉洁等三项红线规定和业扩报装等八项核心业务，自动计算量化积分，兑现模拟市场化薪酬分配结果，供电所员工月度绩效差距最高达到 2 余倍，员工干事氛围日益浓厚。

第九章

精益分析优化资源配置

第一节 待解绑附属设备信息识别

一、背景介绍

电能表附属设备（如通信模块、采集终端等）包含与电能计量和数据传输相关的信息，鉴于数据准确、信息安全和设备重新利用管理等方面考虑，当电能表拆回或进行其他操作时，需确保拆回分拣业务规范率100%，并按照国网河南电力要求，每月对所有拆回表上的附属设备进行解绑。而每次返省分拣中心的拆回表数量多，在主附设备解绑前，基层人员需要在能源互联网营销服务系统上逐一查询出每只拆回电能表对应的附属设备资产编号，再进行解绑，工作量大、重复性高、工作效率低。

二、产品详情

国网河南电力结合基层需求孵化待解绑附属设备信息成果（图9-1），方便各级人员快速查询每只拆回表对应附属设备的资产编号，通过能源互联网营销服务系统的主附设备解绑功能将拆回表与其附属设备进行解绑，确保拆回分拣业务规范率达到100%。

三、主要做法

待解绑附属设备信息成果基于能源互联网营销服务系统的设备装拆记录、设备信息、电能表信息、库房信息、库区信息等数据进行关联处理，得到拆回电能表的资产编码、当前状态、库房存放信息、出厂日期、建档日期、安装日期、拆

图 9-1　成果详情

回日期等信息，并与主附设备绑定信息表、设备表关联，得到拆回电能表上绑定的附属设备信息，包含电能表的资产编码、当前状态、库房存放信息、安装日期、拆回日期、附属设备分类、附属设备资产编码等信息（图 9-2）。

将能源互联网营销服务系统的设备装拆记录、设备信息表、电能表信息、库房信息、库区信息、存放区信息关联，按照设备装拆记录的装拆类别、设备分类及设备的状态进行筛选，得到拆回电能表台账信息。

将拆回电能表台账信息的设备标识与主附设备绑定信息表的主设备标识进行关联，得到拆回电能表上绑定的附属设备信息，再通过附属设备标识与设备表进行关联，形成待解绑附属设备信息成果。

四、典型案例

M 县供电公司依托待解绑附属设备信息成果，开展精益化管理计量资产降本增效专项治理及提升工作，加强计量资产管理。工作人员将百余条拆回电能表详细数据一键导出，根据电能表不同状态，对电能表逐条核查实际情况，做到拆回

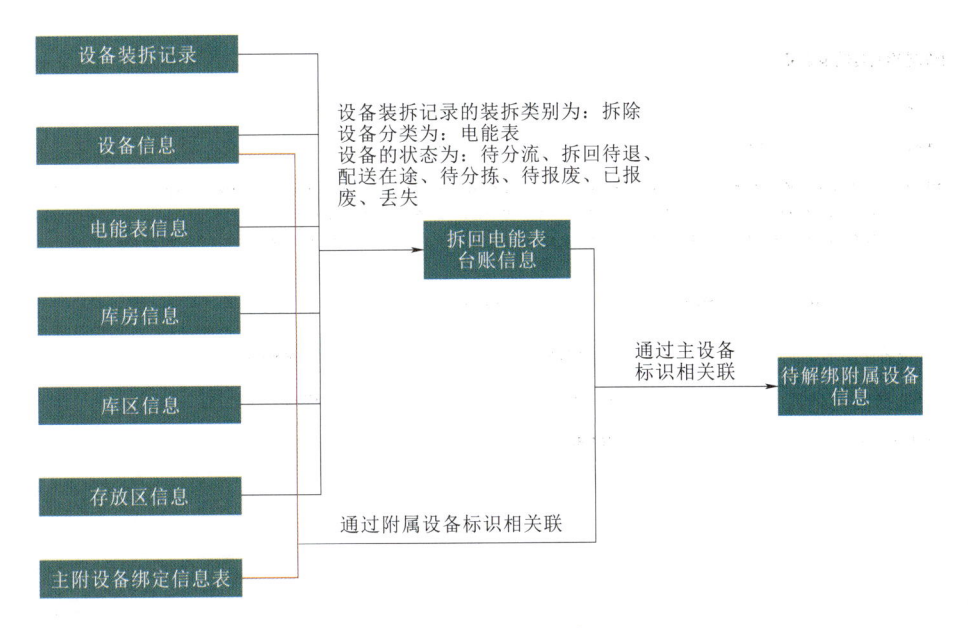

图 9-2 成果数据分析流程图

电能表底度与系统底度一致，认真审核各供电所上报的烧毁表计资料，实现拆回电能表实物退库率 100%，做好库房资产盘点，从源头避免资产丢失。

第二节　各单位拆回电能表信息挖掘

一、背景介绍

各供电所下辖用户数量庞大，日常故障换表和功能性轮换表计会产生大量拆回表计，且需要定期对拆回计量装置回收率进行考核，基层人员需人工梳理拆回表计管理单位、所属台区、存放位置等信息并监测拆回表当前状态，定时统计短期装拆、拆回表天数等指标，以防止超期。此项工作人工统计数据量大、流程烦琐、易出错。

二、产品详情

国网河南电力结合基层需求孵化各单位拆回电能表信息成果（图 9-3），辅助供电所员工查询拆回表信息，统计拆回表当前状态、存放信息、拆回天数、是否短期装拆，助力供电所人员快速开展拆回表回收工作，提升计量资产回收效率。

图 9-3　成果详情

三、主要做法

各单位拆回电能表信息成果结合能源互联网营销服务系统的设备装拆记录、设备信息、电能表信息、库房信息、库区信息、计量点信息、台区信息等数据进行关联处理，得到拆回电能表的台区信息、当前状态、库房存放信息、出厂日期、建档日期、安装日期、拆回日期等信息，并依据安装日期、拆回日期计算出运行天数、是否短期装拆、拆回天数等指标数据（图9-4）。

将能源互联网营销服务系统的设备装拆记录、设备信息、电能表信息、库房信息、库区信息、存放区信息关联，按照设备装拆记录的装拆类别、设备分类及设备的状态进行筛选，得到拆回电能表台账信息。

将拆回电能表台账信息与计量点信息、台区信息通过计量点标识进行关联，得到拆回电能表所属台区信息，并依据安装日期、拆回日期计算运行天数、是否

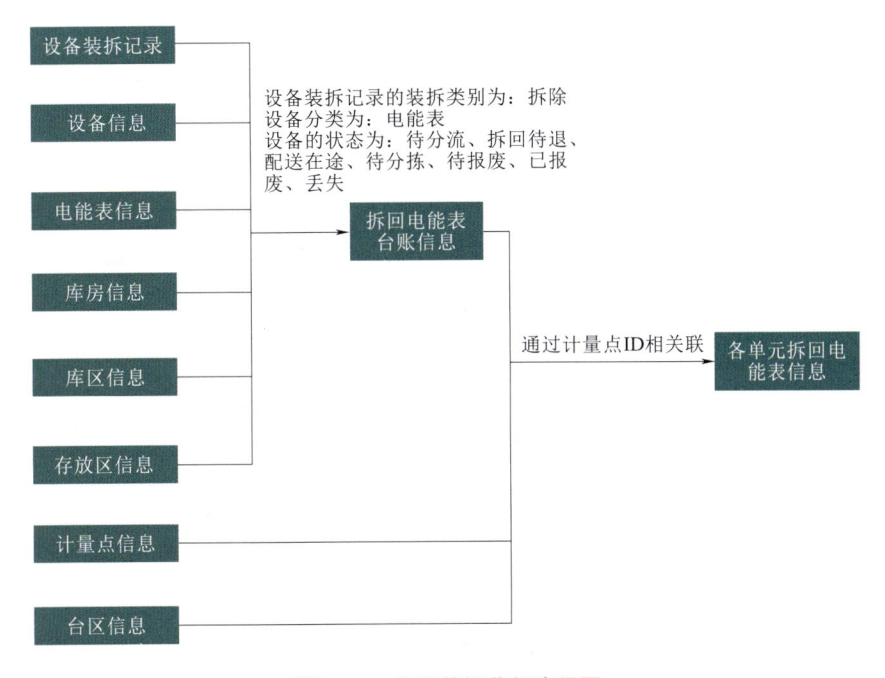

图 9-4 成果数据分析流程图

短期装拆、拆回天数，形成各单位拆回电能表信息。

计算规则：运行天数＝拆回日期－安装日期，运行天数≤30 天，则为短期装拆；拆回天数＝当前日期－拆回日期。

四、典型案例

S 市供电公司计量专业人员通过各单位拆回电能表信息成果，一键生成供电所拆收电能表明细数据，准确定位到每块拆回表的管理单位和拆回前的具体台区，查询快捷方便、内容准确翔实，保证了拆回表回收工作的顺利开展。6 月，S 市供电公司共计回收旧表计近 2000 块，回收率达到 100％，拆回表计的回收核对工作效率提高了 70％。

第三节　配网新建工程物资合理性分析

一、背景介绍

配网项目建设过程中，项目工程量大，涉及物料品种、规格和数量多样，流程环节复杂，各单位在提报需求计划、物资领用到实际实施投运过程中，面临项目更改、运维、应急等多种业务类型需求，物资计划编排与实施投运仍有较大差异，同时也存在物资资金超概算、物资领用偏差大、项目退库率高、退库不及时、频繁挪库等物资管理风险合规问题，导致资金占用和浪费。国网河南电力为促进配网工程管理数字化转型、提升物资智慧供应管理水平，研发配网新建工程物资合理性分析产品，辅助开展配网物资计划管理、物资领用管理、数字化审计等业务，实现物资流转与工程建设、财务结算等跨专业数据和业务的协同，将管理模式从事后治理转移为事前、事中管控，推动配网建设管理合规化、精细化。

二、产品详情

配网新建工程物资合理性分析产品，围绕配网新建工程，贯穿于项目全过程，面向物资使用与管理这一核心业务风险易发领域，梳理14个业务规则，形成物资频繁挪库分析、物资退库率分析等7个算法分析模型，搭建物资供应分析、事中管控分析常规预警和事中管控分析红色预警三大类业务场景，频繁挪库分析、退库率分析、退库不及时分析等11个小类业务模型分析。

（一）物资供应分析

通过贯通配网工程项目信息数据、物料凭证、物料过账凭证等业务数据，构建配网项目物资出退库中间表、配网项目物资频繁挪库中间表，贯通配网工程项目物资出退库信息，以便针对配网工程项目的物资退库超期、物资退库金额比重过大、物资更换工厂库次数过多3种业务情形进行监测分析。

1. 退库不及时分析

统计分析出项目状态为已竣工，距离项目竣工时间超过60天，仍发生退库行为的项目明细信息，提前进行物资退库不及时监测，以支撑业务人员及时掌握物资退库进程，确保物资出退库管理的及时、合规，场景展示内容如图9-5所示。

2. 退库率分析

统计分析项目状态为已结算，按照退库率＝退库金额/出库金额，计算项目的退库率，针对退库率大于20%的项目及时进行监测，以支撑业务人员能实时跟进物资退库，针对退库金额占比超过管理预期的情况，进行及时提醒，督促基层一线修正，保证物资利用的合理（图9-6）。

3. 频繁挪库分析

不考虑项目状态，以相同批次相同工厂相同物料为唯一标识确定具体物资，物资大类剔除装置性材料，仅从物资移库次数过高的角度分析项目的问题。对于

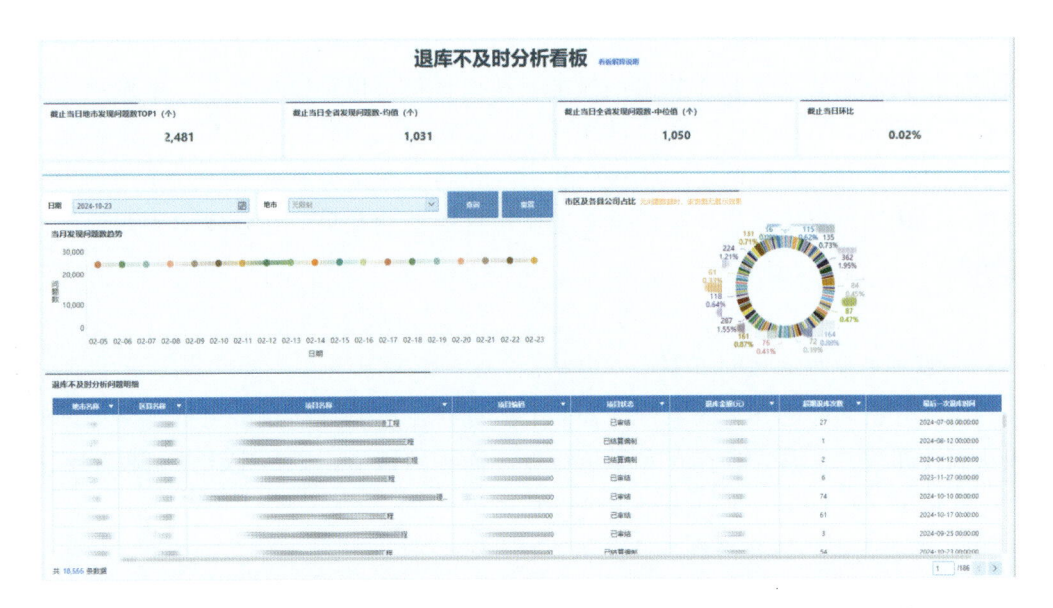

图 9-5　退库不及时分析看板

图 9-6　退库率分析看板

批次物资对应的特殊库存标识为 K（指供应商寄售），本年度物资移库超过 10 次，则判定为该项目存在频繁挪库问题；如果批次物资对应的特殊库存标识为非 K，本年度物资移库超过 5 次，则判定为该项目存在频繁挪库问题。该场景支撑业务人员实时分析出配网项目物资频繁挪库的异动情况，对问题项目和异常物资管理行为及时监测提醒，督促基层一线修正，保证物资利用的合理、合规。

通过贯通配网工程项目信息数据、工厂信息、网上电网四率合一信息、物料凭证、物料过账凭证等业务数据，构建配网项目物资出退库中间表、配网项目事中管控中间表，贯通配网工程项目开竣工、在建过程中物资领料规格、领料金额相关信息，以便针对配网工程项目在开工、在建、竣工 3 种状态下发生的物资领取行为，从领料规格、领料金额角度进行常规的监测预警、超业务监测阈值的红色预警。

(二) 事中管控分析常规预警

1. 疑似已开工未及时领料

统计分析实际已开工的项目，若某个项目存在当前日期减去项目实际开工时间达到或超过 3 个月，且存在实际领料金额为 0 的情形，则认定该项目发生领料及时性偏差，对该项目不合规行为进行常规预警。

2. 疑似在建项目领用线路长度不合理

统计分析实际未投产的项目，若某个项目存在以下任意一个情形，则认定该项目发生领料合规性偏差，对该项目领用配电线缆长度不合理的行为进行常规预警。

（1）情形 1。

（领料电缆长度－可研电缆长度）－可研电缆长度×20％＞0

（领料电缆长度－初设电缆长度）－初设电缆长度×10％＞0

（2）情形 2。

领料电缆长度－可研电缆长度＞0.05km

或领料电缆长度－初设电缆长度＞0.05km。

3. 疑似在建项目领用配变容量不合理

统计分析实际未投产的项目，若某个项目存在领用配变容量大于可研配变容量，且领用配变容量大于初设平均配变容量的情形，则认定该项目发生领料合规性偏差，对该项目领取配电变压器容量不合理的行为进行常规预警。

(三) 事中管控分析红色预警

1. 疑似在建项目物资领用金额超概算物资需求

监测分析实际未投产、计划总投资超 50 万元（有初设金额则按初设金额，无初设金额则取可研金额）的项目，若某个项目存在累计物料领用总金额/总投资金额＞90％的情形，则认定该项目疑似发生领料合规性问题，对该在建项目物资领用金额超概算物资需求的行为进行红色预警。

2. 疑似投产后仍领料

监测分析实际已竣工的项目，若某个项目存在项目投产时间不为空，最后一笔物资领用时间大于实际投产时间的行为，且累计物料领用总金额/总投资＞90％的情形，则认定该项目疑似发生领料合规性问题，对该项目已竣工后仍在进行领取物料的行为进行红色预警，促进对物资领料规范性的管理。

3. 疑似已投产项目领用线路长度不合理

以线缆类物资为切入点，监测分析实际已投产的项目，若某个项目存在任意一种情形，则研判该项目疑似发生设计不合规问题，对该项目投产后领用线缆长度与前期设计有偏差的行为进行红色预警，促进对项目建设合规性的管理。

（1）情形1。

$$\left|\frac{领用电缆长度-可研电缆长度}{项目可研电缆长度}\right|>20\%$$

且 $\left|\frac{领用电缆长度-PMS初设电缆长度}{PMS初设电缆长度}\right|>10\%$

且（|领料电缆长度-可研电缆长度|＞0.05km

或｜领料电缆长度-初设电缆长度｜＞0.05km）

（2）情形2。

$$\left|\frac{领用电缆长度-项目投产电缆长度}{项目投产电缆长度}\right|>5\%$$

且｜领料电缆长度-投产电缆长度｜＞0.05km

4. 疑似已投产项目领用配变台数不合理

以配电变压器物资为切入点，监测分析实际已投产的项目，若某个项目存在以下任意一种情形，则研判该项目疑似发生设计不合规问题，对该项目投产后领用配电变压器台数与前期设计有偏差的行为进行红色预警，促进对项目建设合规性的管理。

（1）情形1。

该项目领用配变台数不等于可研台数且领用配变台数不等于PMS初设配变台数。

（2）情形2。

该项目领用配变台数不等于项目投产配变台数。

5. 疑似已投产项目领用配变容量不合理

以配电变压器物资为切入点，监测分析实际已投产的项目，若某个项目存在以下任意一种情形，则研判该项目疑似发生设计不合规问题，对该项目已投产但领用配电变压器容量与前期设计有偏差的不合理行为进行红色预警，促进对项目建设合规性的管理。

(1) 情形1。

当项目实际已投产，领用配变容量不等于可研容量且领用配变容量不等于PMS初设配变容量。

(2) 情形2。

当项目实际已投产，领用配变容量不等于项目投产配变容量。

三、主要做法

以下从产品标准化实施工作流程、数据架构设计、算法模型设计、算法模型输出4个方面，对产品落地实现时的主要具体做法进行详细阐述剖析。

（一）产品标准化实施工作流程

配网新建工程物资合理性分析产品主要工作分为八步，具体如下：

(1) 第一步，产品资料梳理。

完成该产品涉及的本地化业务梳理。

(2) 第二步，本地部署实施准备。

包括但不限于数据共享平台侧溯源环境、数据中台开发环境、报表中心可视化设计实施环境、分析服务目录平台产品目录发布环境等的账号开通、权限配置、使用环境配置等工作。

(3) 第三步，本地化业务数据溯源。

依据本地业务梳理结果，对标下发溯源调研表。

(4) 第四步，表结构构建。

完成该产品所需的各类中间表、结果表表结构构建，并在数据中台侧进行固化存储。

(5) 第五步，模型本地化改造，完成该产品本地算法模型构建、算法模型本地训练与评估、算法模型优化完善等3项算法模型本地构建、训练及优化完善工作。

(6) 第六步，产品数据计算发布。

完成该产品相关数据计算链路配置、算法模型计算任务调度配置，实现产品结果数据的输出。

(7) 第七步，产品可视化看板实施，完成可视化运行环境配置、应用数据集配置、数据可视化场景设计、数据集绑定，实现产品共计11个可视化看板场景的发布上线。

(8) 第八步，产品发布。

将产品计算发布的结果数据以数据集、可视化场景等多种形式，以多渠道形式提供产品数据服务，方便推广应用。

（二）数据架构设计

产品主要使用的业务数据来源于 ERP、配网全过程数字化管控平台、网上电网等多个源端业务系统，涉及物料、配网工程项目信息、四率合一等业务数据，在数据中台完成溯源确认，理清相关业务数据关系及关联规则后，通过中台的数据加工整合、数据计算存储等能力，完成产品内各项算法分析模型的设计实施，模型部署后，通过模型动态计算生成数据产品内各场景的业务数据，开展疑似已开工未及时领料、疑似在建项目物资领用金额超概算物资需求、疑似投产后仍领料等业务数据分析应用（图 9-7）。

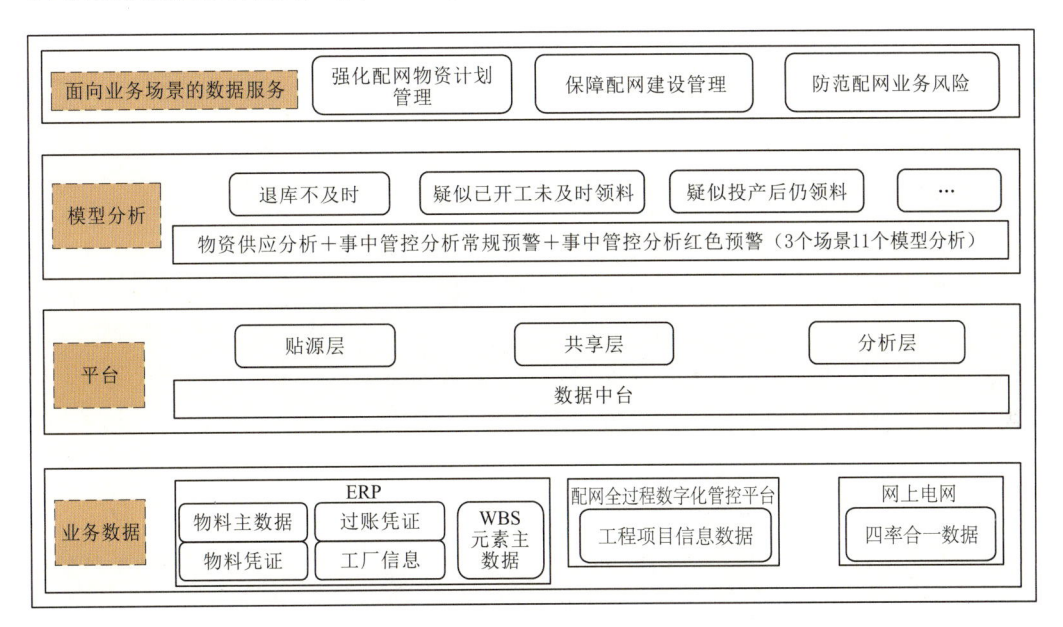

图 9-7 数据架构图

（三）算法模型设计

1. 模型一：物资开工领料分析模型

（1）模型公式一（疑似已开工未及时领料场景）。

$$F = \begin{cases} 1, & a \in A, (t - a_{sk} \geqslant 3) \bigcap (a_{je} = 0) \\ 0, & 其他 \end{cases}$$

式中　F——异动标志，1 表示存在异动，0 表示正常；

　　　a——任一项目；

A——已开工项目集合；

t——当前时间；

a_{sk}——该项目实际开工时间；

a_{je}——该项目实际领料金额。

（2）模型公式二（疑似在建项目物资领用金额超概算物资需求场景）。

$$F = \begin{cases} 1, & a \in B, (a_{jh} \geqslant 50) \cap \left(\dfrac{a_{lje}}{a_{ztz}} > 0.9\right) \\ 0, & \text{其他} \end{cases}$$

式中　F——异动标志，1 表示存在异动，0 表示正常；

a——任一项目；

B——未投产项目集合；

a_{jh}——该项目计划总投资；

a_{lje}——项目累计物料领用总金额；

a_{ztz}——该总投资。

2. 模型二：物资竣工领料合规性分析模型

模型公式（疑似投产后仍领料场景）为

$$F = \begin{cases} 1, & a_{sw} > a_{st}, \exists\, a_{st} \in S \\ 0, & \text{其他} \end{cases}$$

式中　F——异动标志，1 表示存在异动，0 表示正常；

a——任一项目；

S——投产时间非空集合；

a_{st}——该项目实际投产时间；

a_{sw}——最后一笔物资领用时间。

3. 模型三：线路领用合理性分析模型

（1）模型公式一（疑似在建项目领用线路不合理场景）。

$$F = \begin{cases} 1, & a \in C, (a_x - a_{xk} > 0.2 a_{xk}) \cap (a_x - a_{xc} > 0.1 a_{xc}) \cap (a_x - a_{xk} > 0.05 \\ & \cup\, a_x - a_{xc} > 0.05) \\ 0, & \text{其他} \end{cases}$$

式中　F——异动标志，1 表示存在异动，0 表示正常；

a——任一项目；

C——已投产项目集；

a_x——该项目领用线路长度；

a_{xk}——该项目可研线路长度；

a_{xc}——该项目初设线路长度。

（2）模型公式二（疑似已投产项目领用线路不合理场景）。

$$F = \begin{cases} 1, a \in C, \left(\left|\dfrac{a_x - a_{xk}}{a_{xk}}\right| > 0.2\right) \cap \left(\left|\dfrac{a_x - a_{xc}}{a_{xc}}\right| > 0.1\right) \\ \cap \left(|a_x - a_{xk}| > 0.05 \cup |a_x - a_{xc}| > 0.05\right) \\ 1, a \in B, \left(\left|\dfrac{a_x - a_{xt}}{a_{xt}}\right| > 0.05\right) \cap \left(|a_x - a_{xt}| > 0.05\right) \\ 0, 其他 \end{cases}$$

式中　F——异动标志，1表示存在异动，0表示正常；

　　　a——任一项目；

　　　C——已投产项目集；

　　　a_x——该项目领用线路长度；

　　　a_{xk}——该项目可研线路长度；

　　　a_{xc}——该项目初设线路长度；

　　　a_{xt}——该项目投产线路长度。

4. 模型四：配变领用合理性分析模型

（1）模型公式一（疑似在建项目领用配变容量不合理场景）。

$$F = \begin{cases} 1, a \in A, (a_r > a_{rk}) \cap (a_x > a_{rp}) \\ 0, 其他 \end{cases}$$

式中　F——异动标志，1表示存在异动，0表示正常；

　　　a——任一项目；

　　　A——在建项目集；

　　　a_r——该项目领用配变容量；

　　　a_{rk}——该项目可研配变容量；

　　　a_{rp}——该项目PMS初设配变容量。

（2）模型公式二（疑似已投产项目领用配变台数不合理场景）。

$$F = \begin{cases} 1, a \in C, (a_t \neq a_{tk}) \cap (a_t \neq a_{tp}) \\ 1, a \in C, a_t \neq a_{tt} \\ 0, 其他 \end{cases}$$

式中　F——异动标志，1表示存在异动，0表示正常；

　　　a——任一项目；

　　　C——已投产项目集；

a_t——该项目领用配变台数；

a_tk——该项目可研配变台数；

a_tp——该项目 PMS 初设配变台数；

a_tt——该项目投产配变台数。

（3）模型公式三（疑似已投产项目领用配变容量不合理场景）。

$$F = \begin{cases} 1, a \in C, (a_\text{r} \neq a_\text{rk}) \cap (a_\text{x} \neq a_\text{rp}) \\ 1, a \in C, a_\text{r} \neq a_\text{rt} \\ 0, 其他 \end{cases}$$

式中　F——异动标志，1 表示存在异动，0 表示正常；

a——任一项目；

C——已投产项目集；

a_r——该项目领用配变容量；

a_rk——该项目可研配变容量；

a_rp——该项目 PMS 初设配变容量；

a_rt——该项目项目投产配变容量。

5. 模型五：物资退库及时性分析模型

模型公式（退库不及时场景）为

$$F = \begin{cases} 1, a \in D, (a_\text{wztk} - a_\text{jgsj}) > 60 \cap (a_\text{tkcq} > 0) \\ 0, 其他 \end{cases}$$

式中　F——异动标志，1 表示存在异动，0 表示正常；

a——任一项目；

D——已竣工项目集；

a_tkcq——该项目退库超期金额；

a_wztk——物资退库时间；

a_jgsj——该项目竣工时间。

6. 模型六：退库率分析模型

模型公式（退库率分析场景）为

$$F = \begin{cases} 1, a \in H, \dfrac{a_\text{tkje}}{a_\text{ckje}} > 0.2 \\ 0, 其他 \end{cases}$$

式中　F——异动标志，1 表示存在异动，0 表示正常；

a——任一项目；

H——已结算项目集；

a_{ckje}——该项目出库金额；

a_{tkje}——该项目退库金额。

7. 模型七：频繁挪库分析模型

模型公式（频繁挪库分析场景）为

$$F=\begin{cases} 1, & \exists \forall a, [(a \in C_j) \cap (a_{cnt} > 10)] \cup [(a \in C_{noj}) \cap (a_{cnt} > 5)] \\ 0, & 其他 \end{cases}$$

式中　F——异动标志，1 表示存在异动，0 表示正常；

　　　a——任一项目；

　　　C_j——库存标识以 K 打头的集合；

　　　C_{noj}——库存标识为非 K 打头的集合；

　　　a_{cnt}——该项目物资移库次数。

（四）算法模型输出

本产品共计包含 7 项算法模型，形成 11 张结果表，具体产品输出结果说明见表 9-1。

表 9-1　　　　　　　　　　产品输出结果表说明

序号	模型名称	结果中文表名	结果表说明
1	物资开工领料分析模型	已开工未及时领料明细表	存储已开工项目领料时间过晚项目明细数据
2		在建项目物资领用金额超概算明细表	存储已开工项目领料金额不合理明细数据
3	物资竣工领料合规性分析模型	投产后仍领料明细表	存储投产项目存在违规领料的明细数据
4	线路领用合理性分析模型	在建项目领用线路长度异动明细表	存储在建项目领用线路长度异动明细数据
5		投产项目领用线路长度异动明细表	存储投产项目领用线路长度异动明细数据
6	配变领用合理性分析模型	在建项目领用配变容量异动明细表	存储在建项目领用配变数量异动明细数据
7		投产项目领用配变台数异动明细表	存储投产项目领用配变数量异动明细数据
8	退库率分析模型	退库率异动明细表	存储物资退库金额占比超过预期的项目异动明细数据

续表

序号	模型名称	结果中文表名	结果表说明
9	物资退库及时性分析模型	退库不及时明细表	存储退库时间过长项目异动明细数据
10	频繁挪库分析模型	频繁挪库明细表	存储物资移库次数过高项目异动明细数据

四、成效总结

国网河南电力基于配网新建工程物资合理性分析产品，延伸构建配网新建工程项目物资全流程、跨专业监测分析模型，打通发展部、财务部、设备部、物资部等多个业务部门，贯通网上电网、ERP、PMS、配电网数字化管控平台等多个业务系统，实现对项目物资从提报需求计划、物资领用到实际实施投运环节，跨业务流程、跨专业、跨部门的实时分析和监管，真正实现以大数据分析技术，完善补充物资事前和事中管控工作，提升预警能力。

第十章

数据构建助力基层减负

第一节 用户用电量异常分析

一、背景介绍

能源互联网营销服务系统信息繁冗庞杂，基层班组在日常用户用电量异常分析中，为获取辖区内用电量突增和零用电量用户信息，需要频繁用到用电客户及计量点、应收台账等相关数据，工作人员要在系统中导出多张信息表，逐一进行查询、统计、计算和分析。这一过程极为耗时费力，导致用电量突增用户和零用电量用户的统计工作困难重重，排查治理效率也十分低下。

二、产品详情

为解决用电量突增用户和零用电量用户统计难、排查治理低效等问题，国网河南电力构建用户用电量异常分析成果（图10-1），实现对用电量突增和零用电量用户的监测、自动判断和主动提醒。通过快速查询和自动分析用户信息、用电量环比等数据，协助稽查人员迅速锁定异常用电客户情况，大幅降低用电量突增和零用电量用户的排查难度，进一步提高基层人员工作效率。

三、主要做法

围绕能源互联网营销服务系统线路信息、台区信息、计量点信息、电能表信息、用电客户信息、应收台账、安装点计费卡等数据生成用户用电量异常数据集，计算当月用电量、上年同期用电量、用电量环比等数据内容，形成用户用电量异常明细清单（图10-2）。

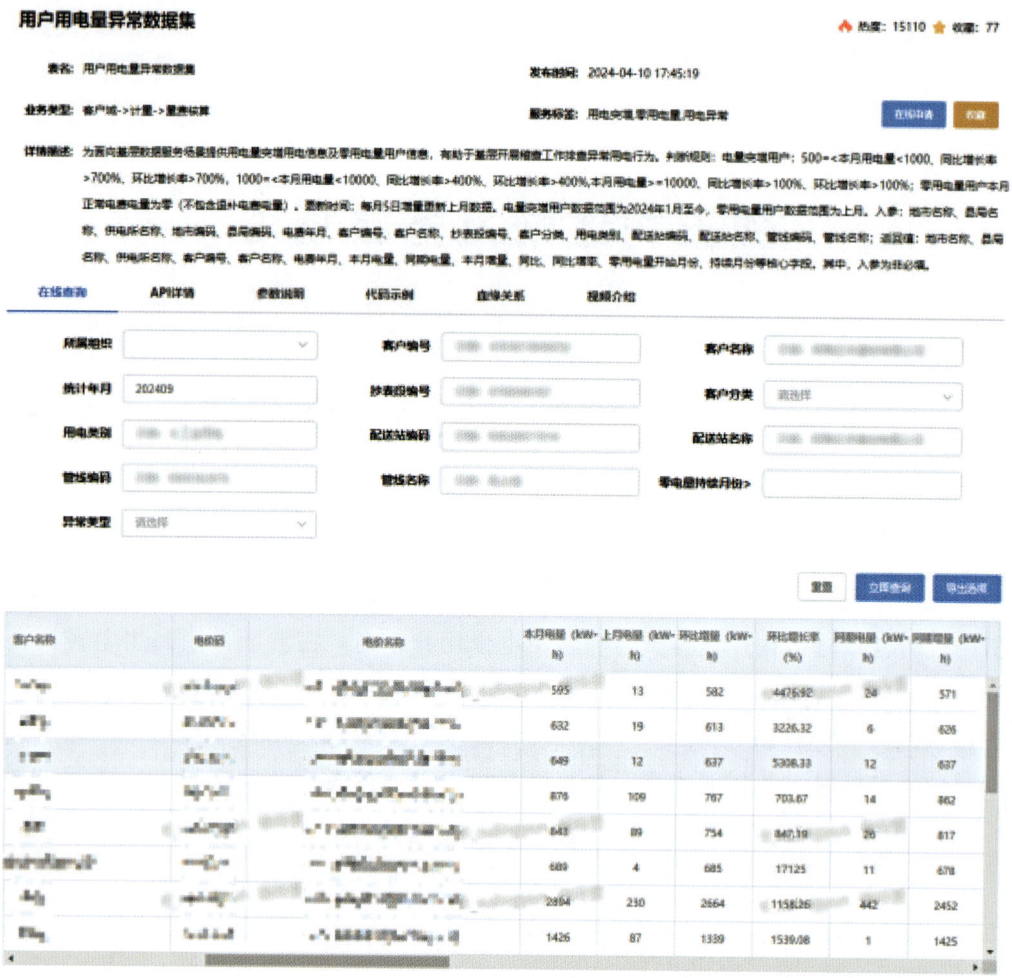

第四篇
赋能经营管理提升篇

图 10-1 用户用电量异常数据集

（1）将能源互联网营销服务系统线路信息、台区信息、计量点信息、电能表信息、用电客户信息关联，得到用电客户台账信息，包含所属单位信息、线路信息、台区信息、计量点信息、电能表标识、电能表资产编码、用户编码、用户名称等信息。

（2）取能源互联网营销服务系统的应收台账信息表，筛选出正常电费为零的用电信息，得到零用电量用户用电信息。

（3）取能源互联网营销服务系统的安装点计费卡信息，按照电量突增判断规则，筛选出用电量突增用户用电信息。

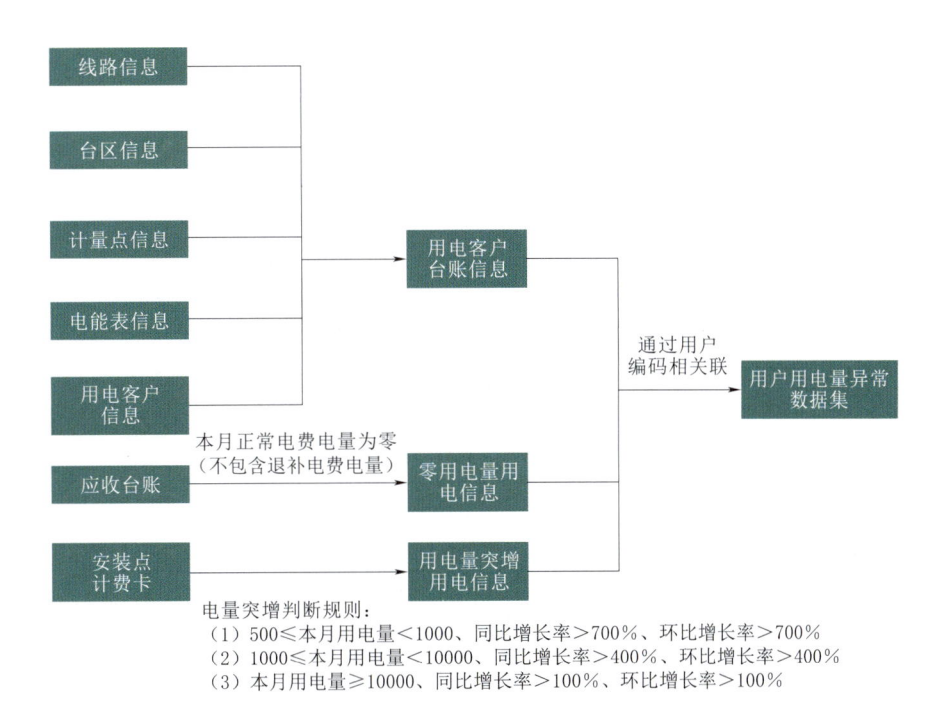

图 10-2　用户用电量异常数据集数据分析流程图

（4）将零用电量用户用电信息、用电量突增用户用电信息合并，并与用电客户台账信息通过用户编码相关联，形成用户用电量异常数据集。

四、典型案例

P市供电公司依据用户用电量异常数据集组织市县公司营销稽查人员深入现场进行数据核查，累计核实并查处用电量异常用户36户，修改执行电价24户，有效提升现场稽查效率，减少电力公司经济利益损失。

2024年4月10日，P市供电公司联合5县公司营销专业人员开展用户用电异常数据核查工作，通过用户用电量异常分析成果发现××××水务有限公司（用户编码：41050×××××××）电量环比增长93.43%，同比增长105.66%，判定为用电量突增用户。工作人员到达现场进行核查，发现该公司对城镇市区进行供水，且电费应执行大工业电价，存在漏计基本电费以及电价差的情况，并及时督促用户完成整改。

第二节　变压器暂停减容期间有抄见电量识别

一、背景介绍

部分用户在淡季采用暂停变压器的方法节省基本电费支出，并在暂停减容期间私自启用变压器，造成线损异常和漏收基本电费等情况发生。停用专变是营销稽查的监测盲区，相关用户违约用电行为容易被忽视。为了对变压器暂停减容用户违约行为进行稽查，供电所台区经理需要在能源互联网营销服务系统、用电信息采集系统里手工获取相关数据进行分析，数据量大、流程烦琐、工作效率低下。

二、产品详情

针对监测稽查盲区停用专变，利用用户档案、业扩信息、量测曲线等数据，构建变压器暂停减容期间有抄见电量识别成果（图10-3），辅助稽核人员对私自启用专变的用户进行核查，提高营销稽查工作效率，减少电力公司经济损失。

三、主要做法

基于数据中台获取能源互联网营销服务系统的用户档案信息表、计量点信息、专变用户变压器信息表、电能表信息表、客户申请用电信息表和业扩工单表等数据，以及用电信息采集系统的日冻结示值等信息，形成变压器暂停减容期间有抄见电量识别成果（图10-4）。

（1）筛选公专标识为专变的台区信息、变压器运行状态为运行或停用的变压器信息，与用户状态不为"已销户"的用户信息进行关联，获取专变用户信息，包括用户所属单位信息、所属台区、所属变压器信息。

（2）通过筛选业扩工单表中业务类型为减容、暂停、恢复减容、恢复暂停的工单信息，获取专变变压器停用未恢复工单信息。

（3）将日冻结示值表与专变用户变压器信息表通过电能表标识关联，得到专变用户的电能表日示数值。

（4）计算暂停未恢复专变用户停运时刻电能表示数与当前电能表示数差值，判断是否存在异常，若有差值，即为异常。

第十章
数据构建助力基层减负

图10-3 变压器暂停减容期间有抄见电量

图10-4 暂停/减容未恢复有抄见电量结果表数据分析流程图

131

四、典型案例

2024年4月23日，Z市供电公司工作人员利用变压器暂停减容期间有抄见电量识别成果发现普通工业用户"××合金材料有限责任公司"在变压器暂停后仍有抄见电量。稽查人员通过系统核验及现场核查，发现该用户暂停配变流程于3月5日归档，因工作人员未及时对用户现场用电设备封停，导致用户在暂停期间仍有电量产生。Z市供电公司对相关工作人员进行通报批评，并追补用户暂停期间未计收的变损电量电费及功率因数调整电费，有效提升营销专业稽查工作效率，减少电力公司经济损失。

第三节 用电客户与计量点关系信息解读

一、背景介绍

为了优化运营管理、加强用电客户沟通服务、快速定位并处理问题、提高用电客户满意度，基层员工需要及时准确维护用电设备与用电客户关系台账信息。同时，完整准确的台账可以帮助电力公司及时发现和处理潜在的安全隐患。但基层员工在日常台账信息维护过程中，需要反复对用电客户信息、线路信息、台区信息、计量点信息等数据进行查询，人工排查耗时长、难度大、流程繁琐、易出错，台账信息维护工作效率低。

二、产品详情

构建用电客户与计量点关系信息成果（图10-5），实现用户信息和关联设备台账一键获取，满足用户姓名、台区名称、线路名称等自定义查询，提高用户设备台账信息查询效率，方便基层进行数据维护和监测。

三、主要做法

基于能源互联网营销服务系统的线路台区关系表、台区信息、线路信息、用户档案信息、客户联系信息、计量点信息、变压器信息进行关联，形成用电客户与台区线路变压器计量点关系信息成果（图10-6）。

（1）将线路台区关系表与台区信息、线路信息表通过台区标识、线路标识进行关联，获取台区线路档案信息中间表。

图 10-5　用电客户与计量点关系信息

（2）将用户档案信息、客户联系信息、计量点信息、变压器信息通过用户编码、台区标识、设备编码进行关联，构建用户基础信息中间表。

（3）将台区线路档案信息中间表、用户基础信息中间表通过台区标识进行关联，形成用电客户与计量点关系信息成果。

四、典型案例

J 市供电公司利用用电客户与计量点关系信息成果协助供电所人员对计量点名称、计量点地址、计量点类型、计量点性质、计量方式等进行监测，维护计量

第四篇 赋能经营管理提升篇

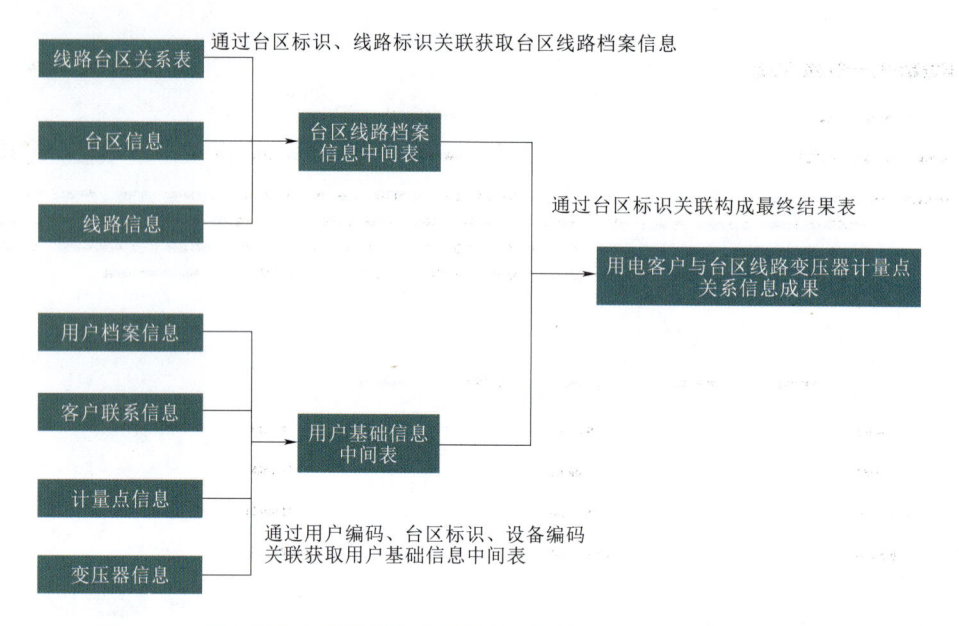

图 10-6　用电客户与台区线路变压器计量点关系信息成果数据分析流程图

点地址缺失共计 30 余次，提前发现问题，有效提升基层供电所工作效率。

第四节　箱表关系识别

一、背景介绍

表箱和电能表是用于电能计量和电能获取的重要设备，箱表维护、治理也成为供电所的日常重要工作。在箱表维护、治理工作中，供电所营销业务人员经常需批量查询用户和计量箱、电能表关系，来快速完成电表箱和电能表的整体核对工作。目前查询箱表关系需按户逐条查询，查询操作烦琐，且不能批量导出，效率低下。营销业务人员亟需一个能快速批量查询箱表关系的数字化识别成果，以便高效工作。

二、产品详情

为解决箱表关系查询效率低下且无法导出数据的难题，国网河南电力构建箱表关系数据集（图 10-7），辅助营销业务人员对编号重复表箱开展监测、治理，减少箱表关系异常核查工作步骤，提高治理工作效率。

图 10－7　箱表关系数据集

三、主要做法

围绕能源互联网营销服务系统中管理单位信息、计量箱信息、计量容器内设备信息、用电户档案信息、运行电能表信息、台区信息等源表生成箱表关系识别成果（图 10－8）。

将能源互联网营销服务系统台区信息、计量点用户表、用电户档案、运行电能表信息、计量容器内设备信息、计量容器设备信息、计量箱信息、管理单位信息关联，得到箱表关系识别成果，包含所属单位信息、计量箱编号、安装位置、表计条形码、电能表行列信息、用户编码、用户名称、立户日期、台区编码、台区名称等信息。

四、典型案例

2024 年 4 月 23 日，A 市供电公司 B 供电所工作人员通过基层专区箱表关系

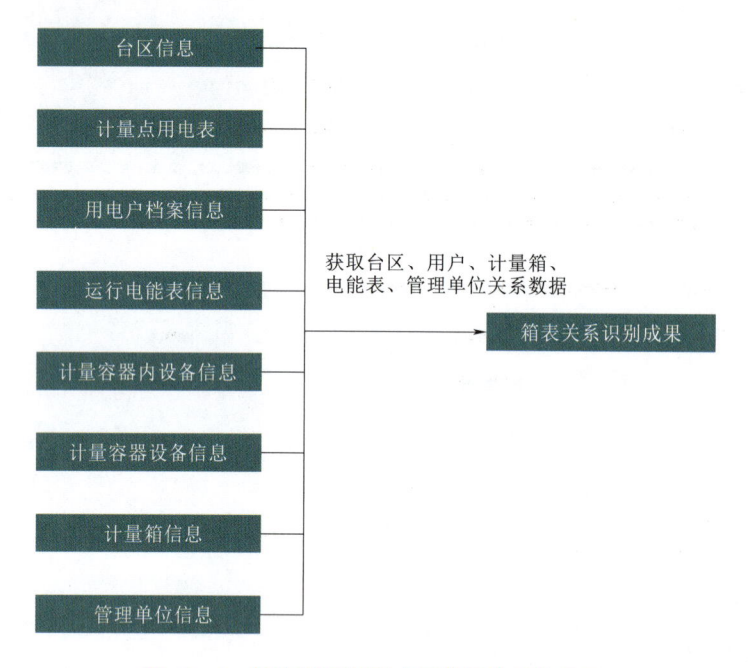

图 10-8　箱表关系识别成果数据分析流程图

识别成果，监测到客户雷×康（用户编号410×××855）、雷×华（用户编号410×××330）表计所属台区出现异常，通过核对箱表关系识别成果监测到的台区编号及台区名称，发现该台区不属于B供电所管理，经与营销部专责、同源系统维护人员沟通后，发现存在用户所属表箱号重复的异常情况，并于当天完成异常治理。通过该识别的推广应用，A市供电公司累计开展箱表治理80余次，免去了箱表关系核查中人工核查慢、监测效率低的困扰，不断提升A市供电公司营销工作基础管理水平，推进营销工作标准化，为降损增效奠定坚实基础。

第十一章

智慧协同支撑管理提质

第一节 智慧党建

一、背景介绍

党建工作向信息化、数字化发展既是数字化时代的客观要求，也是新时代党建工作的必然需求。国网河南电力紧跟数字化转型步伐，着眼党建高质量发展需要，聚焦信息共享、数字赋能"两翼"，开展党建"赋智行动"。以党建大数据为关键要素，实现全域党建信息的整合归集；运用云计算、人工智能等现代信息化技术，对党建数据进行深度挖掘分析，实现实时监控、精准研判和智能决策。"以数赋智"推动党建工作"从业务到数据，从数据到价值"，全面提升党建工作数字化、智能化水平。

二、产品详情

党建数智化看板（图11-1）基于党建云，运用多维度分析比对，按照党组织情况、党员基本信息、组织建设、党建指数、预警信息5个维度，汇总全省党建数据，以可视化图表方式直观展现各级党组织工作进展和成效。

1. 党组织情况版块

主要展示各单位整体架构，实时统计分析全省范围内各单位情况，包括党委、党总支、党支部信息。

2. 党员基本信息版块

包括党员画像和党员发展两部分。

党员画像实时统计分析全省范围内各单位党员情况，包括年龄、性别、学历、35岁以下4个维度信息。

图 11-1 党建数智化看板

党员发展实时统计分析全省范围内各单位发展党员情况、发展党员趋势、两培养一输送情况，发展党员包括入党申请、积极分子、发展对象、预备党员四个阶段信息；发展党员趋势包括近三年党员发展信息；两培养一输送包括业务骨干中党员数量、党员中业务骨干数量及重点岗位党员数量。

3. 组织建设版块

展示各单位换届选举情况，实时统计分析本年度全省范围内各单位到目前为止已换届和未换届信息。

4. 党建指数版块

包括党员先锋指数、支部堡垒指数、党建＋价值指数。

党员先锋指数从党员工作完成情况、党员岗位履责情况、党员作用发挥情况三个方面，以及党员绩效评价、党员行使权力评价、党员履行义务评价、党员示范评价、党员带动评价等五个维度，全方位评价党员先锋作用发挥情况。选择对应的党支部名称，展示该党支部下对应的党员先锋指数明细及年底综合评价。

支部堡垒指数四域评价版块根据评价规则，计算 S1 支部先进因子、S2 业绩先进因子、S3 党员先进因子、S4 党员先锋模范作用发挥情况的详细数据，进而生成对应支部在九宫格中的具体位置，以此判断其支部堡垒作用的发挥情况。四域趋势版块以时间周期（季度）为横坐标、支部堡垒指数（S）为纵坐标，建立支部堡垒四域趋势看板，通过了解曲线的上升、下降、平稳、波动四种趋势，判断在不同周期的支部堡垒作用发挥情况。

党建＋价值指数以党建工作评价、项目过程评价、项目结果评价3个方面为核心指标，构建党建与业务融合价值指数模型，展现党组织在项目全过程中的价值发挥情况，包括项目得分情况、项目分布、单位排名变化趋势等信息。

5. 预警信息版块

针对组织建设、组织生活、党员管理等47个关键指标进行关联分析和动态监测，自动发现异常数据，对党员空白班组、软弱涣散党组织等异常信息进行预警，对换届选举、支委补选、发展党员等关键节点进行提醒。

三、主要做法

党建数智化看板基于华为云、数据中台、业务中台建立集党建信息库、学习资料库、业务融合库"三库"于一体的党建云。通过深度挖掘分析党建专业数据，构建业务规则和场景模型，以图表方式多维度直观展示基层党组织工作进展和成效，充分发挥党建数据价值。

（一）数据来源

基于数据中台，深入分析国网党建信息化综合管理系统基础数据，开展组织管理、党员队伍、党员教育、宣传思想等党建信息溯源，包括组织信息、换届选举、党费收缴、党员信息、党组织关系转接、发展党员、三会一课、党员学习培训、组织生活、民主评议党员、中心组学习、思想动态管理、党章党规、思想理论、组织建设等内容。

（二）数据挖掘

1. 基础数据梳理

梳理党组织基本信息、党组织换届选举记录、党员基本信息3类党建基础数据（表11-1）。

表 11-1　　　　　基 础 数 据 梳 理

序号	数据类别	数据来源	来源系统
1	党组织基本信息	数据中台	党建信息化综合管理系统
2	党组织换届选举记录	数据中台	党建信息化综合管理系统
3	党员基本信息	数据中台	党建信息化综合管理系统

2. 数据分析建模

由于党建信息化综合管理系统中党组织信息没有和单位信息关联，且党组织上下级关系标识不明确，通过制定标准党组织字典，将党组织信息进行分析处理，整理出地市单位与党组织基本关系，构建党组织基本信息标准化数据模型、党组织换届选举记录标准化数据模型、党员基本信息标准化数据模型，并定期更新。

3. 采集清洗校核

通过数据中台采集党组织基本信息、党组织换届选举基本信息、党员基本信息相关数据，根据业务要求，对相关数据质量问题进行核查和自动化处理，包括筛选、清洗、核对、计算，并对处理后的数据进行延伸分析，生成基层党组织相关工作预警提醒数据。

（三）管控算法设计

党建工作日常维护数据量大、关联信息多，数据质量问题比较严重，在分析过程中，结合党建工作常见问题及可能遇到的问题，分析出一些大概率事件，通过漏斗分析、散列算法，获取最终结果数据。

（四）结果统计分析

依据数据模型算法不断迭代生成预警提醒数据，按照党支部标准化管控业务要求进行过滤分析，分别生成组织建设标准化管控、组织生活标准化管控、党员管理标准化管控三类结果数据。

四、成效总结

党建数智化看板依托党建云平台，通过数据关联分析和动态监测，自动发现异常数据并及时预警，有效提升党建基础数据质量；通过创新探索三维指数，进行智能分析、量化评价和趋势预测，具象党建价值创造，推动党建赋能提效；通过可视化技术，以图表方式多维度直观展示基层党组织工作进展和成效，让国网河南电力党务业务一目了然，工作情况尽在掌握，充分发挥党建数据价值。

第二节　智　慧　人　才

一、背景介绍

国网河南信通公司结合国网公司首席专家与国网河南电力高级专家评选条件、国网公司专家人才选拔工作指引、青年人才托举条件、薪档动态调整积分规范等人才评定标准文件，制定"五鹰"计划业绩贡献量化评价计分标准，发布人才培养"五鹰"计划实施方案，推动员工专业精进与符合发展相结合，实现多元化成长成才。为进一步解决员工业绩申报信息多头填报、重复录入、提报质量差、审批修改难等实际问题，辅助高效开展线上人才评价工作，为员工扬长补短、为部门提供培养侧重方向、为公司提供员工进阶依据，构建人才成长一体化服务场景，开展专项支撑工作。

二、产品详情

（一）人才选拔

实现个人的基础信息和个人业绩成果信息线上申报及审核，打通员工职业成长与薪档积分系统，实现业绩信息一录多用；梳理人才积分指标，线上固化积分规则，实现人才业绩及成果与积分自动关联，支撑用户动态查看积分情况；梳理人才评价及业绩分析指标，构建人才评价分析模型，支撑各层级用户随时获取员工评价信息，并为个人提供个性化的业绩分析报告及提升建议，帮助个人针对性的提升业绩短板和能力短板。

（二）人才培养

通过人才看板可以清晰地看到不同专业、不同部门、不同技能层级、不同阶段的人才数量、技能水平、专业知识和工作经验，全景把控人才培养情况（图11-2）。

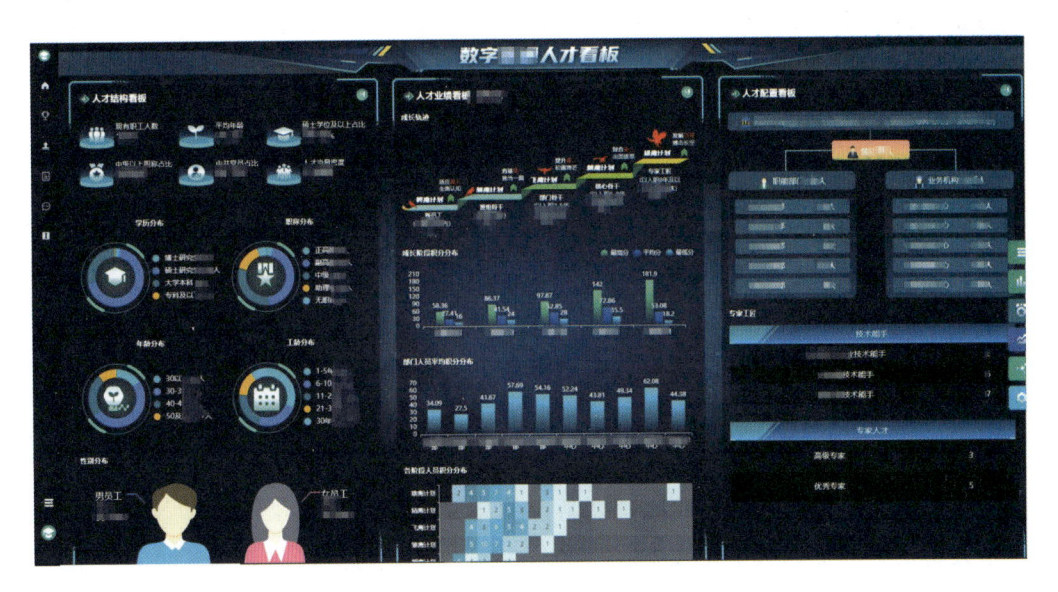

图 11-2 数字人才看板

支持员工填报姓名、性别、出生年月、工作部门等基础信息。支持员工填报或上传近三年绩效考核结果、工作经历、交流培养经历、个人荣誉、竞赛获奖、成果获奖、授权专利等其他信息，支持图片、文档多种格式附件。每次申报，自动带出历史信息，避免重复填报基础信息，并对更新内容进行标注提醒，便于员工复核。

按部门设置员工业绩成果申报信息的审核节点，并配置每个节点上的审核人员；审核人员在个人待办功能中对员工申报信息进行审核。审核过程中，平台自动发送审批通知信息，通知当前审核人员进行审核。申报审核记录以申报单的形式进行记录，申报员工可查看本人的业绩成果申报单，审批人员可查看到经办人审核的业绩成果申报单。

员工申报信息审核完成后，在平台内自动更新，员工将查看到个人更新后的申报信息；平台按最新的业绩成果申报信息，自动生成员工业绩成果报告，由员工及资料汇总人员进行预览、下载。资料汇总人员可配置不同的业绩成果报告模板，并根据公司、部门、个人分级按需进行汇总导出。

根据人才业绩成果申报信息，分析人才业绩欠缺项目，为每一位人才提供个性化的业绩分析报告及提升建议。报告将由平台根据人才业绩成果申报信息，逐项分析后生成，并提交部门领导查阅后，发送至对应的人才，帮助其进行针对性的提升。

建设培训课堂，由公司及部门按单位培训需求上传各专业培训课程，供员工学习。可设置培训计划，统计线上课程学习结果，培训结果将计入业绩成果积分，鼓励员工积极参与课程学习；针对不同的员工，根据其业绩成果申报分析结果，为其推荐专项提升课程，帮助员工进行针对性的提升。

（三）人才评价

按能力资质、履职绩效、科技管理创新等积分统计维度，以及各维度下不同的级别、类型设置积分获取及扣减规则；按照设置的积分规则，对全体员工逐项展示积分维度、级别类型及对应的积分获取或扣减值信息。平台根据员工已申报完成的业绩成果信息，对照已设置的积分规则，逐项换算所应获取或扣减的积分信息；平台汇总员工各项业绩成果申报信息的积分，得出该员工的积分汇总情况。

基于数字化能力开放平台基础能力，构建人才数字化成果管理功能，员工可将个人所负责的优秀数字化成果应用进行提报展示；员工可将个人论文、刊物发表文章等体现个人业绩的优秀文档在平台中上传，并设置展示权限。员工在平台中上传的数字化成果及优秀文档，将根据成果及文档的浏览、下载量进行排序展示，鼓励员工面向领导层及公司同事展示个人业绩成果；按员工归集展示，其在平台中上传的数字化成果及优秀文档，协助领导发掘各领域优秀人才。

（四）人才图谱

1. 公司人才看板

基于人才成长一体化服务平台汇集的员工业绩成果，进行符合大屏展示的布局设计；综合展示各部门人均积分数据及排名、各部门分类业绩成果数量及积分、各部门5年内的成果数量趋势及积分趋势、TOP10员工业绩成果积分排名、TOP10员工积分排名、TOP5部门积分排名等信息，选择部门后展示对应的部门人才看板。

2. 部门人才看板

以各类图表形式，展示部门内员工数量、部门各员工积分信息及排名、部门近5年的各类业绩成果数量及积分、近5年的成果信息及得分信息，并可选择员工，查看该员工的业绩成果申报详细信息。

3. 员工人才看板

基于平台中员工填报的业绩成果提报信息，展示员工基础信息、积分数据及排名、近5年各类业绩成果数量及积分、近5年的成果信息及得分信息。

人才故事：展示技术能手、劳动模范等各种人才的人物风采，成长故事，为其他员工了解和学习搭建场景。

成长历程：利用知识图谱技术，可视化采用不同颜色的节点生动呈现个人成长历程中的关键时间、地点、事件、成果，通过每个人、每个岗位、每个专业、每个阶段等多种维度地了解人才成长历程，更智能、更鲜活、更系统、更直观。

三、主要做法

智慧人才产品的主要工作内容分为五方面：一是支撑员工可以方便地填写和提交业绩申报信息，避免多头填报和重复录入，提供对应的模板和指导，确保申报质量；二是在业绩申报过程中，为员工提供实时反馈和指导，帮助他们理清申报重点和提高申报质量；三是建立明确的业绩申报审批修改流程，确保审批的准确性和及时性，通过设置不同级别的审批人员，并提供审批意见和修改建议，提高申报信息的准确性和质量；四是将线上申报的业绩数据进行集成和分析，提供全面的员工评价报告和部门人才发展方向建议；五是根据员工的申报信息和评价报告，为其制定个性化的培训和培养计划，帮助员工发现并发挥优势，提供进阶的依据和方向。

(一) 数据来源

该产品主要包含人才基础档案数据、人才成果数据和人才积分数据,其中人才档案数据来源于 ERP 系统;人才成果数据由用户在系统中直接填报;人才积分数据由系统利用积分计算模型根据成果数据计算得出。

(二) 梳理成果数据

对员工当年业绩成果进行全面梳理总结,包括能力资质提升、人才流动、履职绩效、标准规程、制度方案、科技及管理创新、群众性管理创新成果(含质量管理创新成果、青创赛等)、竞赛获奖、安全生产、经验发布、个人荣誉、突出贡献、专利授权等 18 项业绩成果。

(三) 积分统计分析

以部门维度统计所有成果分类的最高分、最低分、平均分,并对部门积分进行排名,分析不同部门的专业优势(图 11 - 3)。

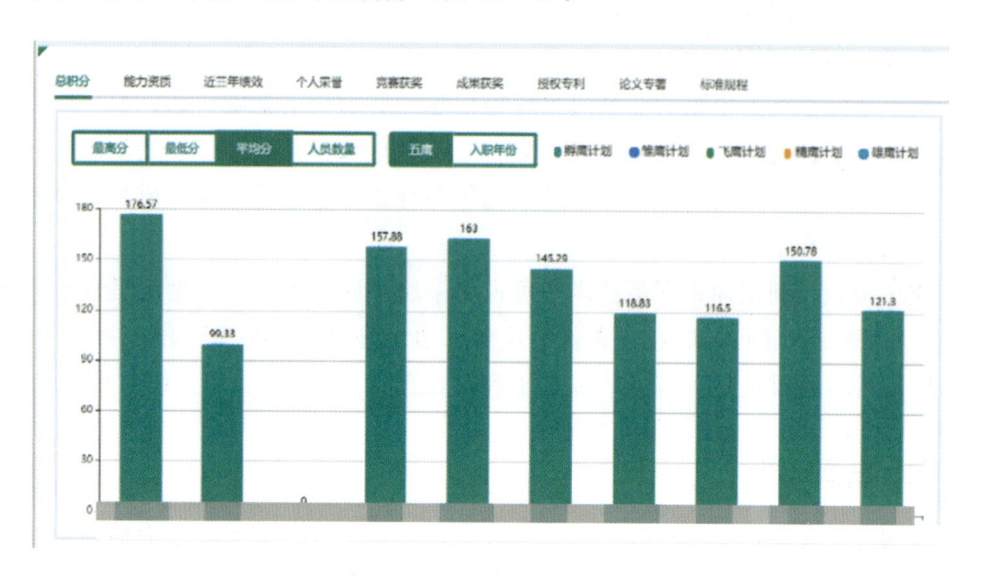

图 11 - 3　积分统计分析

以学历、职称、技能等级维度分别统计积分的占比情况,分析学历、职称、技能等级对成果积分的影响因素(图 11 - 4)。

四、成效总结

智慧人才成果可有效辅助人才专家队伍精益化管理,为人才管理提供更加科

图 11-4　平均积分统计

学的管理手段。一是以人才成长为核心要务，全面展示员工的发展历程、成长经历和能力提升情况，帮助员工了解自己的优势和劣势，制定更加精准的成长目标。二是整合各项人才管理业务，包括履职绩效、个人荣誉、论文专著、培训发展等，实现全面的业务整合，为员工提供更加便捷的服务。

第三节　智　慧　督　办

一、背景介绍

当下电力公司面临数字化转型的重大机遇和挑战，各单位主要通过线下收集、邮件发送等方式进行任务管理，存在文件整理工作量大、任务落实协同难、工作办理延误多、督办执行跟踪难等问题。

二、产品详情

为实现任务线上化、移动化、透明化，降低任务跟踪协调难度，解决员工工作中的实际需求，打造智慧督办系统，从立项交办、跟踪督办、申请延期、办结归档四个阶段提取公共流程，明确流程各环节的执行角色，实现任务录入便捷化操作，任务类型标准化配置，减少人为差错和延误，促使业务管理更加规范和高效。

通过督办任务看板全景展示，实现任务督办"零时差"，推动各层级督办任务一贯到底、落地见效，"一目了然"展示任务分布与执行情况，通过对比分析差距，查找原因，为各级管理者提供决策辅助，为任务执行者提供参照指导（图11-5）。

构建年度督办任务全流程线上化管控体系，支撑年度督办任务流转，包括任务下达、计划跟踪、效率分析、总结评价等一系列业务场景，实现阶段性任务的

第四篇
赋能经营管理提升篇

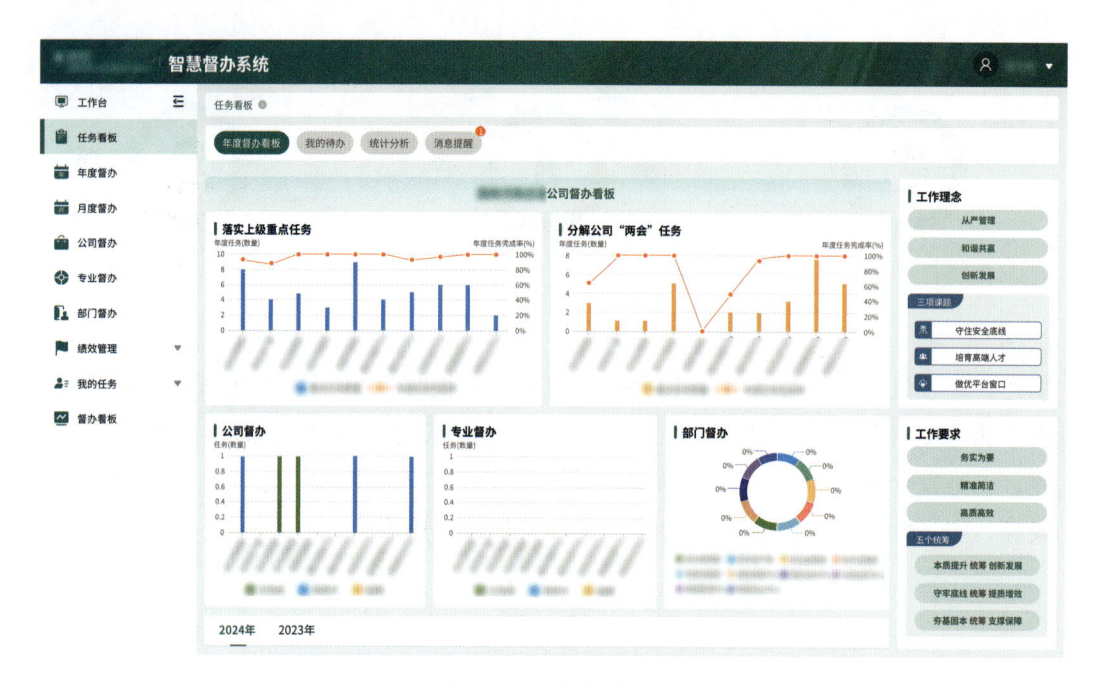

图11-5 任务看板

高效流转（图11-6）。

图11-6 年度督办

三、主要做法

(1) 全面调研，统筹协作。

通过深入调研，根据收集到的资料，对业务现状进行全面分析，明确业务痛点及业务目标，细化业务流程，摸清各环节业务规则。各部门密切配合，建立"日提醒、周协调、月总结"工作制度，明确各项任务处理流程和时限要求，强化责任落实，确保各项任务闭环管理。

(2) 整体规划，分步实施。

结合调研结果，梳理各类任务间关系及绩效衡量标准，从功能、运行和性能要求等方面进行分析，在遵循国网技术路线的前提下，进行项目整体架构搭建，并制定相应的计划和方案。确认业务优先级，采用"小步快跑、快速迭代"的方式进行建设，不断总结阶段性成果，密切关注用户需求变化，提高功能的可操作性和可控性。

(3) 微服务化，敏捷响应。

围绕业务，总结共同特点、区分个性场景，采用模块化方法，将系统划分为独立、易于管理的微服务群；采用敏捷模式，在不影响其他业务运行的前提下，按模块积极响应用户个性化需求。系统运行过程中，沉淀各场景微服务能力，持续提高项目效率和质量。

(4) 多措并行，全面保障。

基于公司内网和 i 国网平台，保障数据安全流通，满足内外网数据共享；提供产品使用指导、培训等服务，并且由专业的技术支持团队 24 小时提供技术支持服务；数据、功能、流程、权限可配置，每人只展示关心内容，给用户更贴心体验。

四、成效总结

一是建立任务动态管理"一本账"，量化目标任务，细化计划节点，任务执行进展颗粒度由月提升至日，强化重点工作过程管控能力。二是打造公司、专业、部门"三级"督办机制，建立任务闭环管理和点评交互机制，实现重点任务及时提醒与过程留痕，"清单化"确保各级督办事项高质量完成。三是促使绩效评价与督办任务挂钩，支撑公司领导、分管领导对各部门绩效任务实时评级，实现部门绩效与任务评价便捷、实时、透明的管理。四是上线督办看板，"一目了然"展示任务分布与执行情况，通过对比分析差距，查找原因，为各级管理者提供决策辅助，为任务执行者提供参照指导。

第四节 智　慧　合　同

一、背景介绍

根据相关管理工作要求，物资采购、信息化、运维等类型的项目合同均需上传经法系统，经过多级审核后，方可开展后续相关工作。目前，合同在上传经法系统前，均为人工填写、人工审核，人为操作难免会出现疏忽错漏，如合同含税金额计算错误、主体上下文名称不一致等问题，从而造成审查返工、发票重开、合同多次修改等情况，导致项目建设迟滞。

二、产品详情

系统构建了一套全流程合同内审智能化工具，包括零代码可视化的合同内容标注、对比规则自定义配置、模型零代码训练、审核结果展示等全流程智能服务应用。任一类型的合同及附件审查只需要通过审核要素梳理、合同模板信息标注及审核配置、合同审核模型训练、批量自动化审核、审核结果展示，就可以进行全流程自动化审查。

通过获取合同文本（图11-7），利用正则表达式、人工智能技术提取合同中的关键信息，作为合同主数据。

图11-7　合同抽取配置

根据合同、中标通知书、技术规范书、保密协议等文件的比对规则，获取主数据"血缘关系"。基于需求计划、中标通知书等主信息，配置填写内容的数据来源信息和填写规则等，形成智能检查模型，实现开发、实施、专项成本等类型合同的预填充位置标注。基于数据中台存储的经法系统关键数据，开展合同法律条款智能审查，实现自动对比审核并在文档中标注错误信息。

三、主要做法

基于可配置信息抽取＋NLP抽取模型＋可配置审核规则，构建一套全流程合同内审智能化工具，包括零代码可视化的合同内容标注、对比规则自定义配置、模型零代码训练、审核结果展示、合同自动上传经法系统等全流程智能服务应用。任一类型的合同及附件审查只需要通过审核要素梳理、合同模板信息标注及审核配置、合同审核模型训练、批量自动化审核、审核结果展示5个步骤就可以进行全流程自动化审查。

在人工智能模型实践方面，项目应用了命名实体识别（BERT＋CRF技术）、事件抽取、文本纠错（pycorrector）、正则表达式、word文档XML源代码解析等多种技术，共研发出合同类型检测、中标方信息抽取审核、合同金额审核、文本禁忌词检查、文本纠错、文档格式检查6大类基础审查模型，满足了各类型合同电子文档的全文重要信息提取与审核。

用户使用方面，用户可进行批量合同内审工作，并可以结合RPA服务化平台进行自动化上传经法系统操作，减少传统因人工疏漏造成重大经济损失的风险。

（一）数据来源

该产品的数据主要来自内部数据库，包括历史合同文本及其相关的审批记录等，这些数据包含了丰富的实际案例，有助于提高审查模型的准确性和实用性。

（二）数据挖掘

1. 数据预处理

（1）数据标注。

对合同文本、关键条款等进行标注，为模型训练提供标注数据；开展16类合同文本智能校验，包含中标通知书VS合同正文、中标通知书VS保密协议、合同正文VS模板、保密协议VS模板、合同正文VS其他附件、附件VS其他附件等6类比对任务及159个比对子任务。

（2）格式转换。

将原始数据转换为统一的格式，便于后续处理。

2. 特征变量选择

命名实体识别：识别合同中的实体对象（如项目名、公司名、日期、甲方乙方等），将其作为特征变量。

（三）模型算法设计

采用手工构造的特征字典，包括关键字、指示词、中心词等方法，以模式和字符串相匹配为主要手段进行命名实体识别。

（四）预测模型及结果分析计算

采用 Pycharm Python 开发工具、Tensorflow 以及 Keras 深度学习框架，搭建基于 Bert+BiLSTM+CRF 的命名实体识别模型。

四、成效总结

在 H 市供电公司实际应用中，通过智能化合同审核工具进行相关实施工作，积累了合同通用 20 余项主数据并开展近 160 项文本比对任务，合同内审时间由 3 人·天降低至 0.5 人·天。审查规则适配开发、实施、数据工程、业务运营、运维—框架、运维—总价、专项成本、咨询服务、工程设计、购售电、监理、检修技术改造—施工、配网工程施工、物业服务、宣传与公共关系、租赁服务等 16 类合同类型，累计审查成本、开发、实施、运维类项目合同达 1000 余次，规避错误 4800 余项，切实降低了合同回退率。

第五节　智　慧　审　批

一、背景介绍

随着电力公司数字化转型深入发展以及多地办公模式的形成，各部门签字流程工作任务量大、办公区域分散、线下流程繁琐、过程管理薄弱等问题愈发凸显，亟需以人工智能、大数据等数字技术为依托，构建办公签字流程电子化工作模式，发挥"数据+技术+业务"协同合力效能，提升职能管理部门业务数字化支撑能力，推进业务工作响应及时、透明规范。

二、产品详情

智慧审批平台（图 11-8）通过构建表单电子化、流程定制化和多端办公等技术服务，生成请假申请、用印申请、打印机和复印机维修申请、办公用品领用申请等业务审批场景，适用于日常办公涉及的审批业务，无需签字盖章。发起人在线填报业务表单之后提交各级审批人员进行审批，确保流程中各级审批人员身份的真实性及审批意见不被恶意篡改，实现审批记录可追溯。

图 11-8　智慧审批平台

请假申请业务场景用于日常办公涉及的审批业务，无需签字盖章。通过深入调研各部门线下签字流程业务，提供公休假、事假、年假、婚假等多类型请假业务线上办理服务，实现一站式线上请假、销假审批业务办理，自动生成月度考勤分析报表。

用印申请业务场景提供加盖公司印章、党委印章等多种用印申请、审批服务在线流转，支持用户通过内网 PC 端或快报表工具上传所需文件，实现用印全过程管控。

打印机和复印机维修申请业务场景提供打印机、复印机维修线上申报、审批服务，发布打印机复印机型号、位置等信息线上清单，方便用户填报选择。

办公用品领用申请业务场景提供常用办公用品（如档案袋、打印纸、笔等多种用品）线上申领、审批，支持用户自选用品类型和数量。

三、主要做法

智慧审批数据主要来源于日常工作产生的审批数据，通过 3 个步骤完成场景的实施工作。

（1）第一步，构建审批表单。

深入调研分析各部门的线下签字流程业务，针对员工请假申请、用印申请、线上签领、办公用品领用申请、打印机和复印机维修申请等流程，采用网页形式实现在线填报。

（2）第二步，设立审批流程。

建立清晰的业务审批流程，确保审批环节及审批人员的准确性。审批人员可以查看表单填报内容和当前表单的审批情况，根据查看结果填写审批意见并选择同意或退回申请，采用网页形式实现在线审批。

（3）第三步，数据统计和分析。

将线上审批的部分场景数据进行统计和分析，提供方便快捷的表单统计报告，实现管理方式轻量化、电子化。

四、成效总结

助力多地办公，减轻签字流程工作任务量、不受办公区域限制，提供更加全面的电子印章、电子签名服务支撑，使各部门之间的工作串联起来，多端线上处理业务，大大减少重复低效劳动，便于各级审批人对各环节的审批、查询、签字等工作，有效提高管理水平。

降低运营成本，实现签字流程电子化，减少纸质材料打印，降低打印纸、墨盒等办公用品消耗，节约运营成本。

第十二章

数字赋能提升服务效率

第一节 快报表

一、背景介绍

随着电力公司数字化转型的不断深入,业务执行的质量和效率要求也在不断提升,在企业经营管理方面,主要依靠个人能力和经验,日常办公中表单分派、填报、汇总等方面缺少体系化的数据赋能管理工具,制约管理质效的进一步提升。

国网河南电力为促进各专业日常办公数字化转型、提升客户服务质效,打造任务一键下发、线上数据填报、进度实时把控、数据一键汇总、报告自动出具一站式数据收集应用工具,解决用户日常工作中数据收集进度把控难、人工汇总效率低、报告制作耗时长等痛点,打造内外网多样灵活、智能高效的办公服务平台,通过跨部门、跨层级的信息共享和协作,打破信息孤岛,促进组织内部的高效工作,从而提升整体运营效率,赋能经营管理,实现表单收发业务流程的自动化和智能化,为用户提供更加优质的服务体验。

二、产品详情

快报表为解决各专业日常办公中数据统计汇总难、填报进度把控难、文档报告出具难等应用痛点,提升数据收集汇总效率,赋能基层工作减负,形成变电运维监控统计分析月报、国网河南电力与省管产业往来消差统计等 2 类典型业务场景。

(一)变电运维监控统计分析月报业务场景

在变电运维监控统计分析月报业务场景中,通过快报表工具实现地市公司之间统计表单一键导入下发、工作数据线上填报、填报进度实时把控、填报数据一键汇总，帮助C公司高效完成了变电运维监控统计分析月报编制工作，极大地提高了工作效率。

变电运维监控统计分析月报业务主要涉及河南省各地市公司20家单位，通过快报表导入统计表单（包含变电站集中监控统计、变电站监控告警信息统计、220kV及以上变电站智能巡检机器人等12张表单），创建线上任务并一键分派至各地市单位（图12-1）。

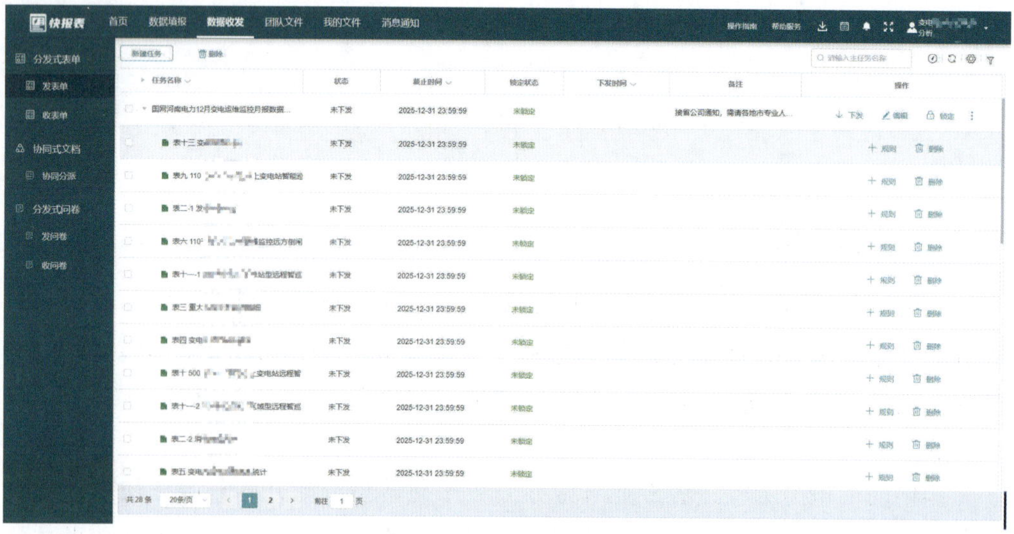

图 12-1　表单任务分派

各地市单位在线填报，支持各地市单位将填报任务转派至县级单位填报，市转派人审核县级单位数据后提报，提供填报数据保存草稿、导出、申请退回等功能，支持上传填报数据附件（附件文档格式不限），满足用户个性化数据提报需求。

通过数据明细中各填报人任务执行状态跟踪任务填报进度，支持筛选、查询成员填报情况，提供按填报人导出、合并导出、附件导出等个性化导出功能，实现填报进度实时跟进应用。

任务下发人一键汇总各单位提报数据，并支持汇总数据一键导出、归档，替代人工汇总，大幅提升变电运维监控统计分析月报统计效率。

任务下发人根据变电运维监控统计分析汇总数据，设置变电运维报告取数、取表等规则，通过智能识别与匹配技术，实现汇总数据自动填充至变电运维监控统计分析月报指定位置。同时，系统支持自定义报告模板，满足用户多样化的报告需求，实现报告出具的个性化与自动化，减少人工操作，大幅提升报告编制效率。

（二）国网河南电力与省管产业往来消差统计业务场景

在国网河南电力与省管产业往来消差统计业务场景中，数据收集汇总服务覆盖全省各地市、县供电公司及 200 余家产业单位近千名财务类专业用户应用，除解决基层用户数据收集进度把控难、汇总效率低等痛点外，还实现 700 余行数据"行"对"人"分派，即指定单位的数据自动分配给该单位负责人填报，顺利支撑国网河南电力与省管产业往来消差统计表中"本单位挂账余额"与"产业单位挂账余额"差异统计对比工作，极大地提高了工作效率，从而进一步提升财务专业办公管理效能。

国网河南电力与省管产业往来消差统计表业务主要针对地市供电公司与省管产业单位之间往来消差统计信息，通过快报表创建线上任务，通过导入消差统计配置表，完成各地市单位填报数据与该单位负责人匹配，实现指定单位的数据自动分配给该单位负责人填报，最终一键分派至各地市负责人。

各地市及省管产业单位在线填报，考虑到了各地市需要填报数据实际情况的差异，每个地市填报数据行数不尽相同，数据"行"对"人"智能化分派，实现各地市仅接收并填报本单位数据，不仅避免了人工分配可能出现的错误，还大大提高了工作效率，使得各地市单位能够快速、准确地完成数据填报任务，此外，快报表还提供填报数据保存草稿、导出、申请退回等功能，支持上传填报数据附件（附件文档格式不限），同时，系统还具备数据校验功能，对于不符合要求的数据，系统将给予提示，确保数据的准确性和可靠性，使得国网河南电力与省管产业之间的往来消差统计工作更加高效、精准。

任务下发人通过数据明细中各填报人任务执行状态跟踪任务填报进度（如已执行、未执行、已存稿、无需执行等），确保填报工作的透明度和可追溯性，支持筛选、查询成员填报情况，任务下发人能全面了解填报进度和填报质量，及时发现并解决填报过程中出现的问题，提高管理效率，提供按填报人导出、合并导出、填报附件导出等个性化导出功能，实现填报进度实时跟进应用。

任务下发人一键汇总各单位提报数据，并支持汇总数据一键导出，替代人工汇总，大幅提升财务往来消差统计效率。

三、主要做法

（一）数据收集功能扩展

扩展 Excel 表单设计功能，支持带数据 Excel 表单一键导入，增加区域隐私保护、按序自动汇总等汇总配置规则，支持填报用户批量导入并快速关联数据表单，细化表单权限管理，满足用户独立填报，支持单行填报数据多人填报设置。针对单行数据多人填报场景，新增数据填报单位组织树配置功能，支持填报用户依据省、市、县的统一权限单位组织关系，实现用户对填报数据的多级校验。通过快报表数据收集功能扩展，线上实现 Excel 表单带数据下发、单行数据多人校验、填报数据按序合并等复杂场景应用。

（二）数据汇总功能优化

优化数据汇总功能，支持大数量用户群体应用，满足千行级填报数据一键汇总，汇总结果参照 Excel 表单模板配置规则按序汇总，支持汇总结果一键式导出下载，替代传统手工汇总合并方式，实现统计任务分派、数据填报、数据汇总一键式操作，极大降低工作时间成本。具体流程如图 12-2 所示。

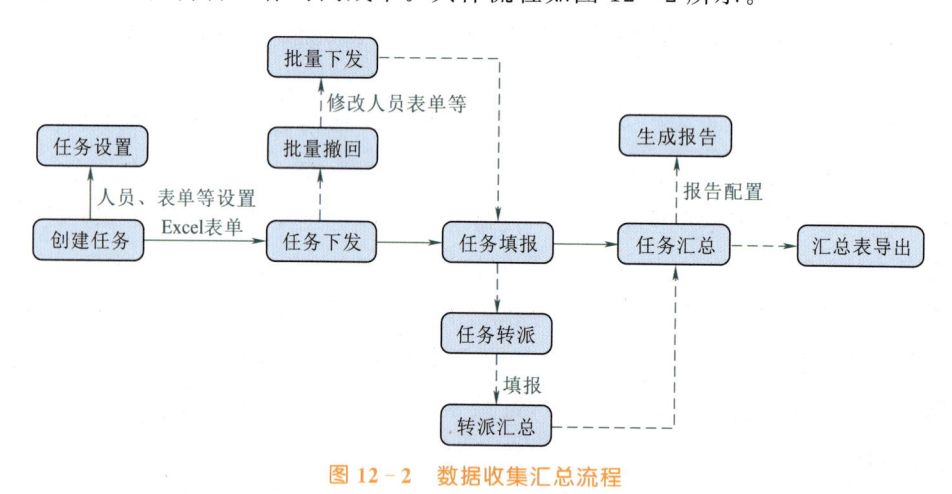

图 12-2 数据收集汇总流程

四、成效总结

截至 2024 年 11 月底，快报表累计访问次数突破 527 万次，服务用户 4.6 万余人，平均月活 9000 余次。智能数据收集汇总广泛应用于河南省设备、财务、营销等 10 余专业，沉淀 20 多个业务场景，用户数据收集效率提升近 30 倍，赋能公司经营管理，获得基层班组的认可和好评，为推动基层减负落地提供强力支撑。

第二节 养老金智能测算

一、背景介绍

根据《国家电网有限公司 2024 年电网数字化重点项目储备指南》要求，聚焦基层赋能和价值发挥，着重提升基层的获得感，打通基层数字化应用的最后一公里，切实提升工作质效，减轻基层负担；根据国网社保中心（人力资源共享中心）委托国网河南电力基于人力资源管理系统 2.0 开展职工养老金测算工具建设的通知要求，结合前期各单位报送的属地养老金核算参数、计算逻辑等数据，加强测算分析，加快实施进度；按照《国网公司各地养老待遇核定政策专题研究》要求，着力解决养老金测算难点、痛点和堵点问题，不断推动业务流程、作业方式、服务能力提升。

二、产品详情

计发基数、社会平均工资、个人账户记账利率、过渡性养老金系数等参数，可根据各网省具体情况自定义配置；社平工资、计发基数增长率可按 1~5 年、6~10 年、11~15 年三档进行自定义配置（图 12-3）。

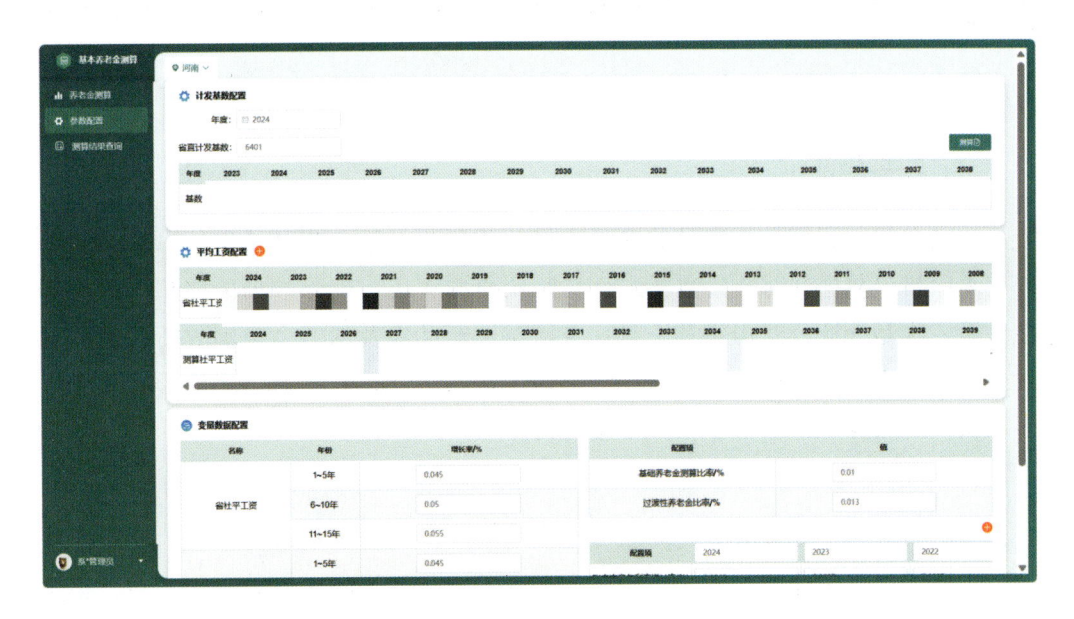

图 12-3　参数配置

用户个人基本信息和社保缴纳信息的导入、修改、查看、导出、测算和历史记录不完整用户标记，展示系统测算结果及计算公式（图 12-4）。

用户点击测算后，完成目标用户基本养老金测算结果的查询展示，附带包含基础养老金、过渡性养老金、账户养老金、建账日期、视同缴费月数、实际缴费月数和缴费总月数的数据展示。

图 12-4　养老金测算详情页

三、主要做法

养老金智能测算分析产品的主要工作分为三步：第一步是社保信息采集及治理，剔除错误数据并对缺失数据进行实际调研并完善，确保数据的完整性和准确性；第二步是计算公式构建及说明，主要对该产品涉及的 8 个模型进行构建、开发及业务规则说明；第三步是测算结果输出，该产品以数字、图表等形式共 4 类展示窗口，服务于社保中心相关专业人员。

（一）数据来源

该产品数据主要来源于人资 2.0 和手动录入，人员数据以及各省的参数配置由各单位管理员统计后手动导入系统，在导入人员数据时，由人资 2.0 平台提供人员的省份以及单位数据。

（二）算法公式调研

由国网河南电力社保中心工作人员进行各省的养老金计算公式调研，总结形成以下计算规则：

退休年计发基数＝当前计发基数×（1＋增长率的 n 次方）

其中，计发基数增长率分 1～5 年、6～10 年、11～15 年三个区间进行预测。

退休年社平工资＝当前社平工资×（1＋增长率的 n 次方）

$$实际缴费平均指数 = \frac{实际缴费指数总和}{\frac{实际缴费月数}{12}}$$

$$29\text{号文基础养老金指数化工资} = 退休年省直计发基数 \times \frac{实际缴费工资指数和 + 视同缴费工资指数}{实际缴费年限 + 视同缴费年限}$$

$$29\text{号文过渡性养老金指数化工资} = 退休年省直计发基数 \times \frac{实际缴费工资指数}{实际缴费年限}$$

$$基础养老金 = \frac{退休年省直计发基数 + 基础养老金指数化工资}{2} \times \frac{累计缴费月数}{12} \times 0.01$$

$$过渡性养老金 = 过渡性养老金指数化工资 \times \frac{视同缴费月数}{12} \times 0.013$$

$$账户养老金 = \frac{本息累计金额}{计发月数}$$

(三) 预测模型及结果分析计算

根据拿到的公式，将影响参数提取出来，将各个参数作为变量写入到 java 程序中。根据每一个省提供的案例人员，将案例人员的数据导入系统，并将案例省份的平均工资、计发基数等参数配置到系统里面，进行测算。通过对比真实数据与系统测算结果，进行公式参数的调整，进而得到更加准确的计算结果。

通过 Spring 依赖注入机制，将国网公司其他 26 家省级电力公司编码与对应实体类进行映射，实现省级电力公司容器化管理。当管理员进行计算的时候，可以选择相应的网省，系统会根据用户选择的网省进行结果计算，将测算结果存储到数据表，普通用户进行测算查询时就能根据自己的网省查询到本人的养老金测算结果，达到数据的相对统一准确。

四、成效总结

构建了系统内职工养老金测算场景，提供养老金预测查询服务，助力职工了解养老金待遇核定政策，社保中心养老金测算服务效率提升近一倍，面向用户提供个人社保数据预测单，近三年退休人员预测结果准确率提升至 95% 以上。促进了养老金管理流程优化，实现养老金测算处理时间从"时算"到"秒计"，标志着国网养老金测算告别"手核"历史，正式进入"智测"时代。

第五篇

赋能客户服务优质篇

第十三章

数据洞察助力服务优化

第一节 电力市场化营销大数据精益分析

一、背景介绍

随着电力公司数字化转型的不断推进,业务执行的质量和效率得到了显著提升。然而,在企业经营管理方面,目前比较依赖于管理者的个人能力和经验。特别是在市场化交易分析、计量清仓利库等领域,缺乏系统化的数据赋能管理方法和数字化支持工具。这导致了管理上的不均衡、反馈不及时、地市之间计量资产数据透明度不足,以及闲置计量设备无法在全省范围内灵活调配和消纳等问题,从而制约了管理水平和效率的提高。

国网河南电力为促进电力营销数字化转型、提升客户服务质效,在市场化交易、计量库房资产管理等营销重点业务方向研发数字化产品,最终通过可视化看板展示全省市场化用户情况和库存共享、调配及安装信息,辅助各级营销管理者开展人机融合分析决策,助力供电服务体系建设。

二、产品详情

为适应市场化购售电交易主体多元化发展,提升零售市场价格跟踪管控决策时效,灵活调配和消纳全省范围内的闲置计量设备,构建电力市场化营销大数据精益分析产品,包含计量清仓利库、电力交易分析师两个业务场景。

在计量清仓利库方面,通过贯通计量资产配送、库存、设备安装等业务数据,打通全省各级表库库存数据,开展库存共享及调配、库存穿透分析查询、需求配送到货安装等多样化分析监控,实现闲置计量设备按需调配,降低全省计量设备库存周期,从而进一步提升计量资产管理效能。计量设备库存信息(图13-

第五篇
赋能客户服务优质篇

1）主要统计当前时点（T－1）全省范围内各计量设备每种状态的库存信息，计量设备主要分为电能表、互感器、计量箱和采集终端四种。

图 13－1　计量设备库存信息

在电力交易分析师方面，围绕市场化用户的多维数据分析、利用回归分析、聚类分析等大数据算法，开展市场化用户多元化分析，辅助开展各类市场化主体交易行为动态监测与数智分析，为电力市场平稳有序发展保驾护航。全省市场化用户用电交易情况（图 13－2）主要以范围面积图和指标卡的形式展示全省范围内各地市市场化用户当前月份（T－1）的市场化用户数、交易电量和交易电费情况。

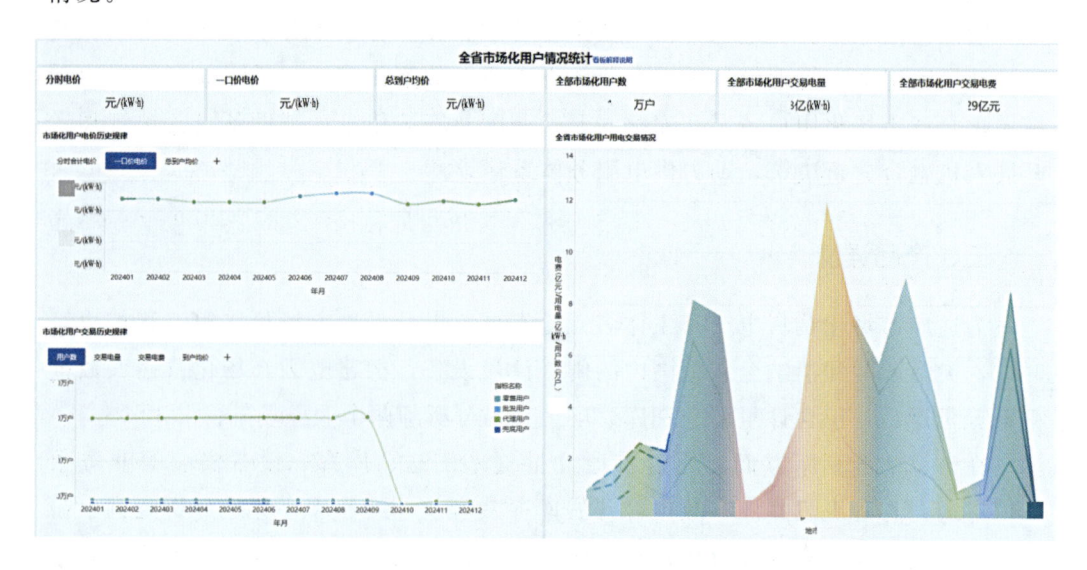

图 13－2　全省市场化用户用电交易情况

三、主要做法

电力市场化营销大数据精益分析产品的主要工作分为四步：第一步是对该产品涉及的能源互联网营销服务系统的数据进行深入分析，并根据溯源到的表进行模型构建和反复演练，提高最终结果的准确性；第二步是数据挖掘，细致分析并深入探索电力交易分析师与计量清仓利库两大应用场景的数据，并从大量数据中提炼出对业务具有实质性影响的关键信息，为后续产品模型的研发提供坚实的数据支撑；第三步是模型算法设计，主要包括构建、开发产品沉淀的四个模型，并对业务规则进行详细说明，确保每个模型都能有效满足业务需求，并具备良好的实用性和可解释性；第四步是模型结果统计分析，将模型输出的各项指标进行展示分析，同时与业务系统数据进行比对，确保模型准确性和可靠性。

（一）数据来源

产品数据主要源自能源互联网营销服务系统源表，包含了进行电力交易分析和计量设备库存、共享及调配分析所需的基础数据。

（二）数据挖掘

1. 电力交易分析师

选取能源互联网营销服务系统电量、电费及用电户等信息，通过对全省市场化用户数据的深入挖掘与分析，发现省内的市场化用户在电量使用、电费支付以及用电行为方面呈现出以下显著特征：

（1）电量使用存在显著差异。不同用户的电量使用量差异较大。

（2）电量使用受时间和季节影响。用户的电量使用模式会随着时间和季节的变化而发生变化。

（3）用户缴费行为复杂多变。用户的缴费行为不仅包括即时的电费支付反应，还涉及长期的支付习惯，甚至在特定时期（如节假日前后）会展现出特定的财务规划心态。这些行为因素往往难以进行精确的量化分析。

2. 计量清仓利库

基于深入挖掘分析的闲置资产数据资源，对资产的库存信息、出入库任务记录，以及设备装拆记录等关键数据进行全面关联与加工。在此基础上，研究各类特征变量（如库存状态、出入库任务、设备装拆记录等）对计量设备的影响规律。基于研究结果，进一步构建和完善资产共享池、去库存周期等模型，旨在优化资源配置效率，减少不必要的存储成本，同时确保关键设备能够快速响应业务需求。

(三) 模型算法设计

基于以上分析结果,通过对日期、用户进行分类,研究不同特征变量对市场电价、电量以及电费的影响,电力交易分析师由此构建出市场化用户波动分析模型;计量清仓利库场景则围绕计量库房资产分析结果,沉淀出共享池建立规则模型、去库存周期评价模型和需求配送到货安装监控分析 3 个模型。具体模型规则如下所示。

1. 市场化用户波动分析规则

$$\text{分时电价} = \frac{\text{分时交易电费}}{\text{分时交易电量}}$$

$$\text{一口价电价} = \text{协议约定电价}$$

$$\text{总到户均价} = \frac{\text{总交易电费}}{\text{总交易电量}}$$

2. 共享池建立规则

$$\text{库存数} = \text{当前库存状态为合格在库的该类型设备库存数量}$$

$$\text{共享池数量} = \text{满足库存共享条件的该类型设备库存数量}$$

其中,库存共享条件一,设备当前库存状态为合格在库,并有库房信息;库存共享条件二,基于最近一次入库时间计算的设备在库时长≥90 天

$$\text{超一年库存数} = \text{设备建档日期距今超过 1 年}$$

$$\text{高龄库存数} = \text{各类型设备高库龄计算统计}$$

其中,各类型设备高库龄规则:电能表,设备建档日期距今超过 2 年;互感器,设备建档日期距今超过 5 年;采集终端,设备建档日期距今超过 3 年

3. 去库存周期评价规则

库存数量 = 当前库存状态为合格在库的该类型设备库存数量

安装数量 = 当前库存状态为合格在库且有安装记录的该类型设备数量

$$\text{去库存周期规则} = \frac{\text{该类型设备库存数量}}{\dfrac{\text{对应单位历史两年同期月份及其后两个月设备安装数量}}{180}}$$

4. 需求配送到货安装监控分析规则

需求数量 = 需求计划所涉及的某类型设备的总数量

配送数量 = 需求计划配送记录中所涉及的某类型设备总数量

安装数量 = 需求计划配送记录中设备状态为已到货且有安装记录的某类型设备总数量

(四) 模型结果统计分析

产品最终输出 4 项算法模型，形成 4 张结果表，并与业务系统的数据进行比对后确认一致，最终通过数据分析服务目录、报表中心、数智豫电等平台推广应用。

四、成效总结

国网河南电力基于电力市场化营销大数据精益分析产品，延伸构建网格化预测模型，细分区域和用电类别等多种维度开展代理购电用户电量分析预测，代理购电月度电量预测准确率提升至 96.86%，交易偏差控制在 5% 以内，切实降低代理购电中长期交易偏差电量，有效支撑了电量预测工作。

第二节　专变暂停（减容）到期未恢复状态监测

一、背景介绍

电力供应的稳定性对于保障人们的生活质量和经济发展至关重要。然而，因现场业务人员日常外出工作较多，无法实时监控暂停（减容）用户的恢复送电时间，导致暂停（减容）到期时未能及时送电，影响客户正常用电和生产经营活动，增加投诉风险。同时，为防止办理恢复业务超期的专变用户被遗漏，造成经济损失扩大，亟须构建专变暂停（减容）到期未恢复状态监测成果。

二、产品详情

打造专变暂停（减容）到期未恢复状态监测成果（图 13-3），统计分析专变暂停到期未送电信息，针对到期时间剩余 30 天内的记录以及超过到期时间还未送电的记录进行提醒，辅助基层工作人员及时处理此类工单，减轻业务人员日常工作量，提升客户服务质量。

三、主要做法

基于数据中台获取能源互联网营销服务系统的用电客户档案信息、台区信息、专变用户变压器信息、客户申请用电信息表和业扩工单表等数据，形成专变暂停（减容）到期未恢复状态监测成果（图 13-4）

（1）筛选公专标识为专变的台区信息、变压器运行状态为运行或停用的变压

图 13-3　专变暂停（减容）到期未恢复状态监测数据集

器信息、用户状态不为"已销户"的用户信息，与计量点信息进行关联，获取专变用户信息，包括用户所属单位信息、所属台区、所属变压器信息。

（2）通过筛选业扩工单信息中业务类型为减容、暂停、恢复减容、恢复暂停的工单信息，获取专变变压器停用未恢复工单信息。

（3）根据工单申请日期筛选最近一次办理业务为申请暂停（减容）业务的专变信息，计算到期剩余天数（剩余天数＝申请执行截止日期－系统当前日期）。

（4）对到期剩余天数进行判断，形成提醒类型及提醒内容：0≤剩余天数≤30 为未超期专变台区，提醒内容为离送电还剩余 t 天；剩余天数＜0 为已超期专

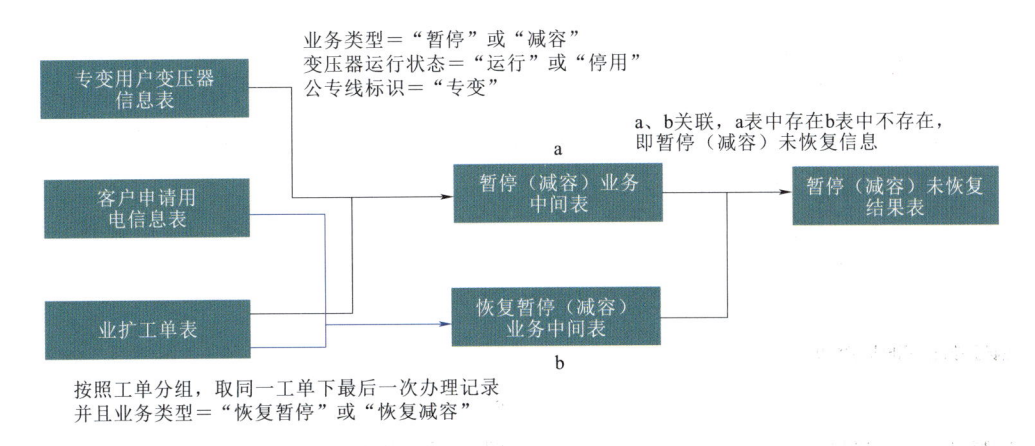

图 13-4　专变暂停（减容）到期未恢复状态监测成果数据分析流程图

变台区，提醒内容为已超期 t 天。

四、典型案例

W 县供电所利用专变暂停（减容）到期未恢复状态监测成果，重点监控已经超期用户，开展督导处理，及时办理恢复手续。2024 年 8 月，供电所员工通过该成果监控到河南省××监狱（户号：41030×××××××××），提醒内容为：已超期 32 天，随即开展业扩流程排查和现场检查。经检查业扩流程工单，用户于 2024 年 1 月 23 日申请暂停全部容量，计划启用日期为 2024 年 6 月 30 日，暂停到期后，用户未申请暂停恢复工单，继续申请了减容工单，计划恢复日期为 2025 年 7 月 25 日。供电所人员及时联系用户，完善减容及减容恢复工单管理内容，有效减少电费损失。

第三节　主要工业行业用电情况分析

一、背景介绍

电力公司业务部门每月需要从能源互联网营销服务系统中按用户逐个查询主要工业行业用电情况，并按照用户编号查询历史同期用电量进行对比分析，同时需要汇总分析各类型工业用电趋势变化，形成主要工业行业用电情况分析报告，并依据报告内容筛选重点用户异常用电信息，通知重点用户及时进行缴费。此项工作需要人工对各类工业用电用户单独进行查询、统计、计算，工作效率不高、流程烦琐、容易出错。

二、产品详情

国网河南电力结合基层需求,打造主要行业用电情况分析成果(图13-5),计算本月用电量、同期用电量、同比增长率等数据,支撑相关业务部门进行月报分析统计,有效辅助业务人员快速查询、分析主要行业用电情况,大大提升业务人员工作效率。

图13-5 主要工业行业用电情况分析

三、主要做法

主要工业行业用电情况分析成果结合能源互联网营销服务系统的用电客户信息、客户协议快照、安装点计费卡等数据进行关联处理,得到主要工业企业电量信息、企业同期电量,并根据同期用电量、当月电量信息计算出同期增减、同比增长率等指标数据（图 13-6）。

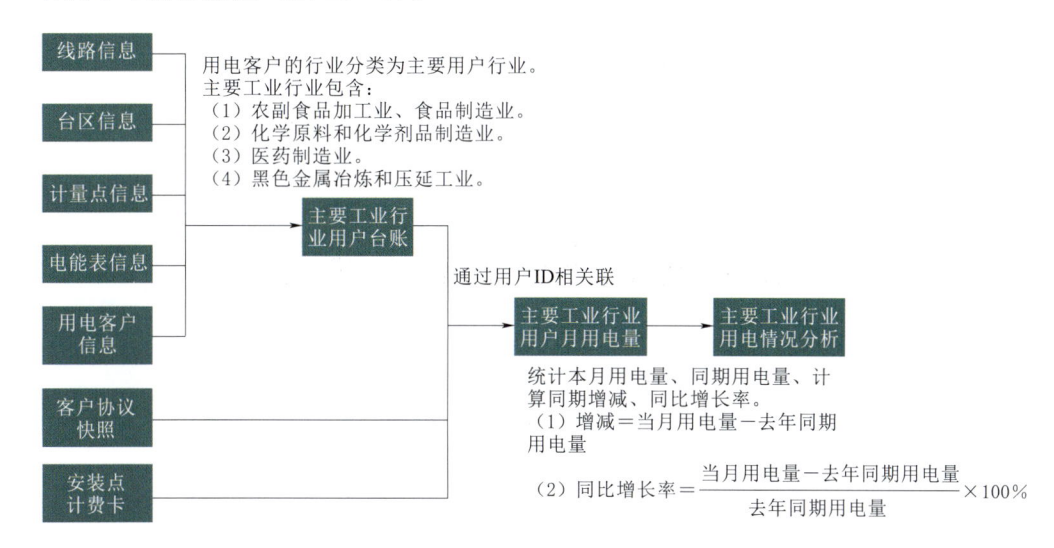

图 13-6　主要工业行业用电情况分析成果数据分析流程图

（1）将能源互联网营销服务系统线路信息、台区信息、计量点信息、电能表信息、用电客户信息关联，按照用电客户的行业分类筛选，得到主要工业行业用户台账信息。

（2）将主要工业行业用户台账信息与客户协议快照、安装点计费卡信息表关联，得到主要工业行业用户的月用电量信息。

（3）根据主要工业行业用户月用电量信息的同期用电量、当月电量信息计算出同期增减、同比增长率等指标数据，形成主要工业行业用电情况分析成果。

（4）计算规则。

$$增减 = 当月用电量 - 去年同期用电量$$

$$同比增长率 = \frac{当月用电量 - 去年同期用电量}{去年同期用电量} \times 100\%。$$

四、典型案例

2024 年 1 月，T 县供电所利用主要工业行业用电情况分析成果，帮助基层及时了解重点用户用电需求，切实解决重点用户实际用电问题，有效提升重点用户满意度，将优质服务落实落地，为进一步提升供电服务打下坚实基础。1 月，T 县供电所通过该成果累计分析重点用户电量 20 余次，及时通知重点用户缴费 7 次，避免重点用户停电产生经济损失。

第十四章

业务协同促服务智能化

第一节 一址多户判别

一、背景介绍

随着电力公司数字化转型步伐的加快，面对同一地址下多企业、多用户共存的复杂情况，部分用户通过分户策略规避基本电费，加之业务人员操作中的疏漏，导致基本电费收取出现错漏，对电力公司经济利益造成了一定损害。为此，迫切需要一款一址多户管理工具，该工具将深度融合数据与业务优势，实现稽查工作的智能化转型，从人工操作无缝过渡到自动化处理，大幅提升稽查工作效率，有效减少电费流失，从而全面提升电力公司的经营效益和管理水平。

二、产品详情

一址多户判别产品为解决传统营销稽查费时费力、工作效率低、核查标准不一、发现异常滞后等问题，精心设计营销稽查"一址多户自动稽核"小工具（图 14-1），实现稽查工作由人工操作转向自动操作，通过简单部署即可实现市县班组对一址多户问题核查，大幅提升稽查工作效率，有效减少电费损失现象，提升经营和管理质效。

三、主要做法

一址多户判别产品数据加工过程分为三步（图 14-2），首先基于用电用户表获取同一个用户名下既有高压又有低压的高压用户，其次获取同一个高压用户名下有多个高压户号的用户，最后获取与高压用户名一致的低压用户，并且合并这

3 部分用户，关联用户电价表、目录电价表得到结果数据。

图 14-1 一址多户判别产品

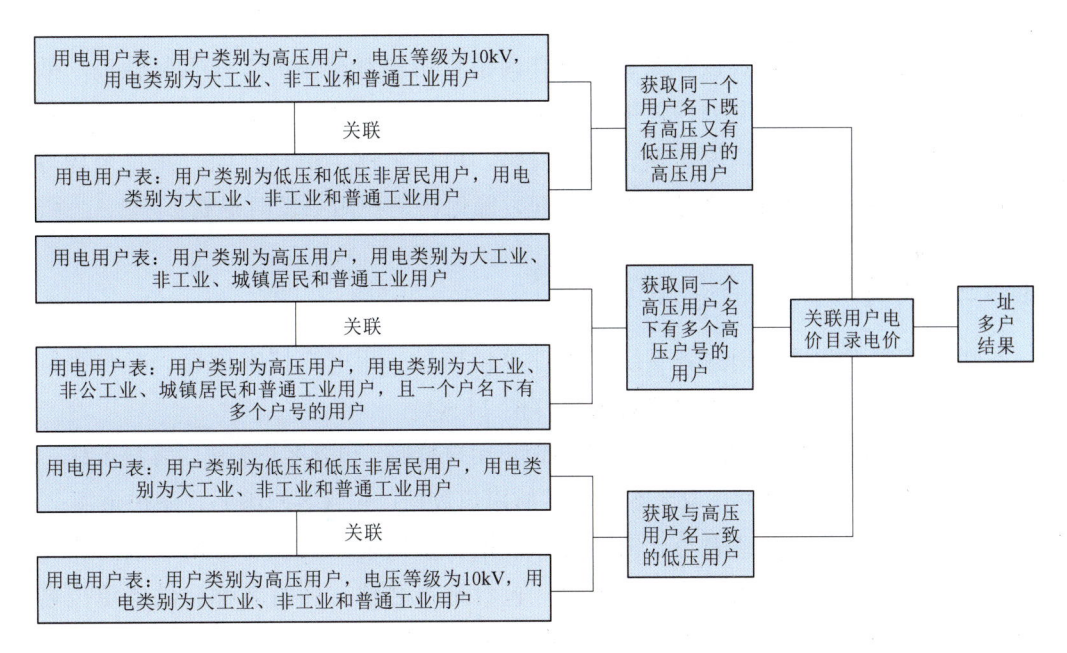

图 14-2 一址多户判别产品数据逻辑分析

四、成效总结

营销稽查专业将一址多户异常数据列入常态现场稽查工作，逐户开展在线稽查分析，联合业扩专业、电费专业，常态化开展一址多户稽查，有效杜绝了高压专变用户在同一用电地址新增低压非居民用户的一址多户问题,大幅提升营销稽查效率,为稽查专业增效减负,降低电费收取出错风险。

第二节　销户有余额用户信息识别

一、背景介绍

为了保障客户的权益,提升电力公司服务质量,基层营销电费核算账务人员需定期开展销户用户退费工作。基层工作人员在进行此项工作时,需要从用电客户表、电费余额表等多个表格中查询和分析,以找出有余额的销户用户,该操作重复性高、退费效率低下。基层人员亟需一个能快速批量查询销户有余额用户信息并能导出查询结果的数据成果,以便高效工作、提升客户满意度。

二、产品详情

为解决基层营销电费核算账务人员查询销户用户有余额的工作重复性高、效率低的问题,国网河南电力构建销户有余额用户信息成果(图14-3),展示地市名称、区县名称、供电单位名称、用户编码、用户名称、销户日期、账户余额等字段,有效辅助电费核算班进行数据查询,确保已销户用户及时退费。

三、主要做法

围绕能源互联网营销服务系统中管理单位信息、用电户档案信息、账户余额等信息,构建销户有余额用户信息成果(图14-4)。

(1)从用电户档案信息表中提取出已销户用户数据,包含客户编码、客户名称。

(2)从账户余额表中获取余额大于零的用户数据,包含客户编码、账户余额。

(3)将管理单位信息表与已销户用户数据、账户余额大于零的用户数据相关联,构建完成销户余额用户信息结果表,包含地市名称、区县名称、供电单位名称、客户编码、客户名称、销户日期、账户余额等信息。

四、典型案例

2024年3月28日,A市供电公司工作人员通过销户有余额用户信息成果检测到"A市××家具有限公司"用户(用户编码:410×××953)销户日期为2024年2月23日,账户余额2176.99元,随即与客户联系,当日完成退费工作;

市供电公司应用销户有余额用户信息成果以来，累计辅助营销电费核算账务班核实并退费用户200余户，有效辅助营销专业进行数据查询，确保已销户用户及时退费，销户未退费用户由原来400余户降低至200余户。

图 14-3 销户有余额用户信息

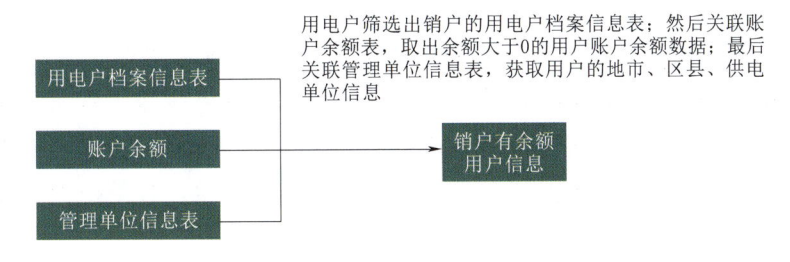

图 14-4 销户有余额用户信息成果数据分析流程图

第十五章

异常管控确保服务质量

第一节 配网户变关系分析

一、背景介绍

随着电网建设和发展引起的频繁变动（如迁建、扩容、割接、布点），分布式光伏接入引起用电户数增多和用户用电地址变更等原因，导致用户台区关系系统与实际不符。为了解决因户变关系错误导致的停电信息发布不准确和线损率未达标等问题，考虑到人工排查既耗时又费力，决定利用数据中台接入的量测数据及设备档案资料，遵循电网拓扑结构结合数据分析的方法，开展基于数据的配网用户变压器关系智能识别模型的研究与应用。这一举措旨在通过智能化手段提高工作效率，减少人为错误，从而有效提升服务质量。遵循电网拓扑＋数据推演的思路，开展基于数据的配网户变关系智能辨识模型的研究与应用工作。

二、产品详情

户变关系分析模型，基于能源互联网营销服务系统、用电信息采集系统数据，通过用户的电压与配变的电压相关联，计算相应的电压相关性系数。结合生成的用户与台区电压 96 点曲线图，对用电用户和台区关系进行分析。将户变关系疑似异常的用户台区进行预警，并生成户变关系详细清单，各单位对户变关系疑似异常用户进行现场核验。

电压大数据分析页面（图 15-1），通过地市名称、时间、查看大数据分析疑似异常清单中用户和台区的电压数据曲线对比图，以及用户的电压跟台区电压的相关性等详细信息。

第十五章 异常管控确保服务质量

图 15-1 户变关系疑似异常清单

大数据分析现场验证页面，通过地市名称、时间、查看大数据分析疑似异常清单中的详细数据，用导出功能将户变异常数据下载到本地。用户对户变关系异常数据进行现场验证。验证后反馈功能将现场验证情况上传系统。

停电验证反馈页面（图 15-2），通过地市名称、时间、查看停电疑似异常清单中的详细数据，基于导出功能将停电异常数据下载到本地。结合曲线图查看台区停电期间用户和台区的电压比对情况，辅助用户核验户变疑似异常清单。反馈功能将现场验证情况上传系统。

图 15-2 台区用户停电信息不一致

177

三、主要做法

户变关系分析产品的主要工作分为三步：第一步是对该产品涉及的能源互联网营销服务系统、用电信息采集系统的数据进行深入分析，并根据溯源到的表进行模型构建和反复演练，提高最终结果的准确性；第二步是模型构建及说明，主要对该产品涉及的户变关系分析模型进行构建、开发及业务规则说明；第三步是模型输出，该产品以集成到数智豫电系统基层专区模块，以页面的形式进行数据展示，服务于营销、数字化等部门相关专业人员。

（一）数据来源

该产品数据主要来源于能源互联网营销服务系统、用电信息采集系统。通过数据中台接入的系统数据，构建户变分析模型（图 15-3）。

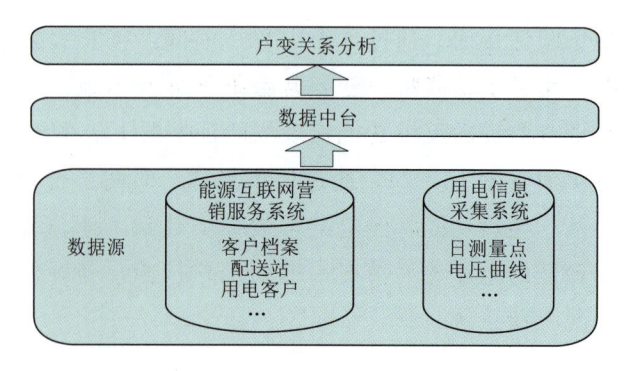

图 15-3 数据来源架构图

（二）模型构建原理

模型构建原理如图 15-4 所示。

一是理论上配电变压器发生停电，停电期间内该台区下用户均无电压信息；反之，若配电变压器停电期间，台区下用户电压仍采集正常，则判定用户户变关系疑似异常，依托台区终端停上电事件与台区下用户电压信息，判断用户与台区的挂接关系。

二是按照"配变与所属用户的电压波动一致性"原理，通过计算配变与用户之间的电压相关性，同时结合三相不平衡、时钟偏移、三相电用户等因素，研判配变与用户之间的挂接关系。

三是按照"同一配变下各用户的电压具有相似性特征"的电气原理，对台区内电压异常的用户进行监测，基于孤立森林及 LOF 算法，利用台区内用户之间的电压差异性，确定用户与台区挂接关系的正确性。

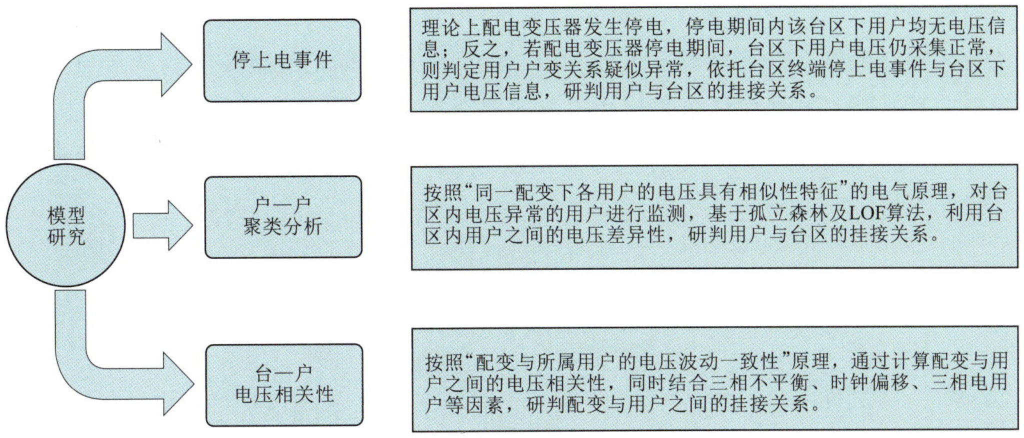

图 15-4 模型构建原理

(三) 模型算法设计

1. 停电算法业务逻辑

台区配电变压器发生停电，会造成台区内用户在停电期间内失压，反之，若在台区配电变压器发生停电期间内，台区内存在用户未失压，可能是该条户变关系异常导致（图 15-5）。本算法依托台区终端停上电事件与用户电压（电流）采集情况，如在公变停电时间段中，台区用户仍存在电压值则判断为户变关系异常。

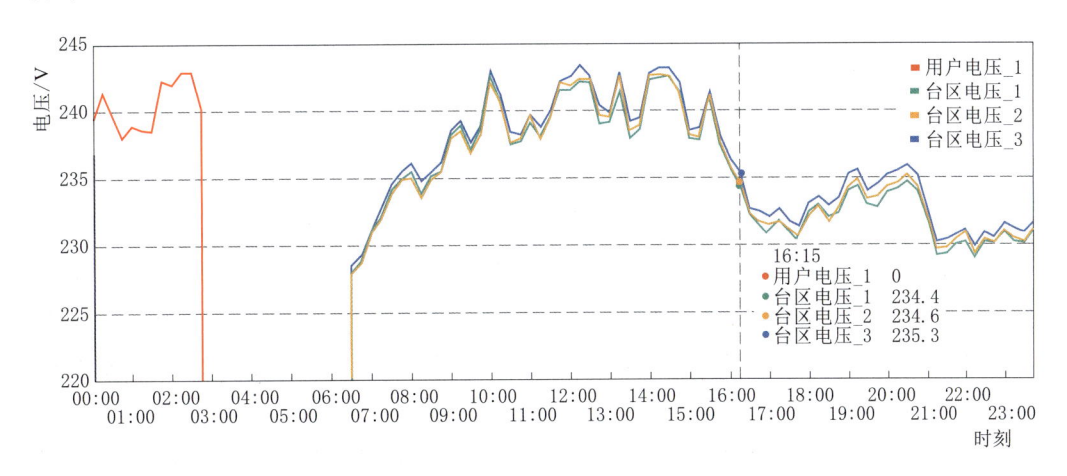

图 15-5 台区电压和用户电压

2. 相关性算法

根据台区及用户连续 5 天的电压采集数据，计算台区与用户之间的变—户电压相关性系数（图 15-6），筛选取台区与用户电压相关性系数小于 0.8，并且动态时间规整（DTW）距离大于最大数值的 20% 的用户数据，将这些数据的平均值视为异常数据，并存储至 5 天分区中。最终结果将标记连续 4 天行为异常的用户，并且推荐与其他台区系数大于 0.9 相关性最高的台区作为建议（基于过去 5 天的相关性数据），另外还涉及时钟偏移、三相不平衡（针对三相配变电压轮流计算）算法。

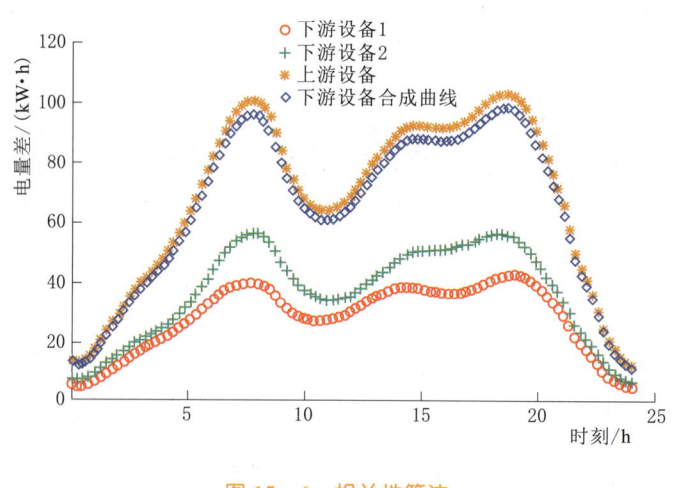

图 15-6 相关性算法

3. 聚类分析

孤立森林算法如图 15-7 所示。

(1) 第一步，数据预处理。

获取算法所需采集数据，对台区和用户的电压测量数据进行去重、用户电压按时间排序、用户电压缺失大于 0.1 的用户去掉，用户部分电压值较差的补 0 值。

(2) 第二步，平滑滤波处理。

提高数据曲线的平滑性，以增强数据曲线的平滑度并减少噪声干扰。Savitzky-Golay 滤波器作为一种数字滤波工具，能够对数据集进行平滑处理，在保持信号整体趋势不变的同时，有效提升数据的精确度。它可以应用于一组数据，以平滑数据，即在不改变信号趋势的情况下提高数据的精度。通过卷积的过程实现，即通过线性最小二乘法将相邻数据点的连续子集与一个低次多项式拟合。当数据点的间距相等时，可以找到最小二乘方程的解析解，其形式是一组可以应用于所有数据的"卷积系数"。

(3) 第三步，模型训练。

从训练数据（例如 7 天数据，共 7×96 个点作为 672 列，每一行为一个用户的 672 个电压数据）中随机选择 Ψ 个时刻的电压作为子样本，放入一棵孤立树的根节点，根据电压特性多次分离，大于某个电压值分为左分支，小于电压值划到右分支，当某个节点只有少量用户且距离根节点较近，则此节点用户为异常用户。

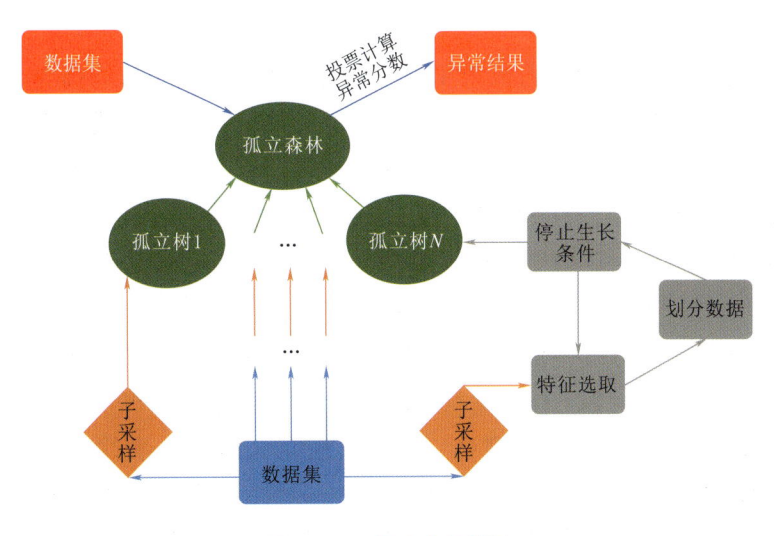

图 15-7 孤立森林算法

（四）产品展示

户变关系分析应用产品与数智豫电平台－基层专区进行集成，通过基层专区，搜索户变关系分析应用，找到后立即使用就可以跳转到户变分析页面。

四、成效总结

国网河南电力部署并执行户—变关系辨识模型以来，共发现异常数据 600 余条，因档案关系错误造成异常共有 90 余条，因设备原因和接线问题造成的异常共有 290 余条，因供电半径过长原因造成异常共 250 余条。

国网河南电力通过核查户变关系问题数据，有效提升了配网管理能力。具体措施包括：一是治理户变关系错误问题，有效降低台区线损；二是更换问题设备，避免采集数据不准确；三是治理接线松动、老化问题，提高用户用电质量，保障电网运维安全。

典型案例如下。

1. 用户电表接线虚接、烧损

2023 年 9 月，模型诊断台区"元××压器"与用户侯某的相关性低，初步判定为疑似户变关系异常。A 市供电公司组织相关人员进行系统档案和用电信息采集数据核查。确认档案无误后进行现场核查。台区经理到达现场后，对电表进行核查，在打开表箱时发现电表接线处正在起火星，工作人员立即进行处理，避免起火带来的人员伤害、财产损失。此事得到用户的大力感谢，户变模型也得到台区经理等现场工作人员的充分肯定。

2. 终端存在时钟偏移

2023年9月，模型诊断台区与用户顾某的电压相关性系数最高为0.42，相关性低，判定为疑似户变关系异常。B市供电公司组织相关单位进行系统与现场查验，经核实户变关系正常。通过用电信息采集系统查询，发现电能表时钟存在超24h以上偏差，导致表计存在异常。经过对户变异常表计处理后，提高了电能表计时钟合格率，避免用户用电账单不准确，影响用户用电服务质量。

3. 用户档案错误

2023年9月，模型诊断台区与用户费某的电压相关性系数最高为0.6，初步判定为疑似户变关系异常。C市供电公司组织台区经理进行现场查看，现场观察电能表接线和对电表电压进行测试，均没有问题。沿着电表线路追溯至供电变压器，通过现场实际勘测定位设备连接关系，最终发现物理连接与系统模型存在偏差，而系统模型数据本身经校验仍保持正确。通过查询，J变压器1和J变压器2的安装地址相同，因业扩报装时信息登记错误，导致户变关系错误。随即对档案进行更新，避免因为错误的档案信息，带来错误的停电通知、安全检修等问题。

4. 表计设备存在异常

2023年10月，模型诊断台区与用户张某发的电压相关性系数最高为0.34，相关性低，判定为疑似户变关系异常。D市供电公司组织相关人员进行系统与现场查验。经核查，核实户变关系正常，但是用户电压显示异常。经工作人员到现场勘查，表计接线正常，现场表计显示401V，通过用万能表测量，实际电压为238V，判定为表计故障，产生错误数据，户变模型判定正确。通过对表计进行更换，电压恢复正常，避免因设备原因降低用户用电质量，消除用电安全隐患。

第二节　充电桩异常识别

一、背景介绍

伴随国家对"节能减排"的大力倡导，居民充电桩的数量快速增长，部分居民私接、改接充电桩电源等违约用电情况频发。面对海量充电桩用户，营销稽查人员无法现场一一排查，通常要跨越能源互联网营销服务系统、用电信息采集系统等多个系统按用户进行逐条筛查，效率较低，亟须一个数字化成果，协助基层营销稽查人员快速识别异常充电桩，提高工作效率。

二、产品详情

为方便基层营销稽查人员开展充电桩的稽查工作，国网河南电力通过构建充电桩异常数据集（图15-8），展示地市名称、县局名称、供电单位名称、用户ID、用户编号、用户名称、充电桩ID、充电桩名称、日期、最大充电功率、运行容量、最大功率和运行容量比值、充电桩异常类型、年月等信息，分析展示用户可能存在的连续充电异常、充电功率异常、月用电量异常等用电情况，为营销稽查人员快速定位违约用电用户提供有效数字化稽查手段，帮助开展现场用电检查工作。

图15-8 充电桩异常数据集

三、主要做法

围绕能源互联网营销服务系统中管理单位信息、用电户档案信息、充电桩台账信息、应收量费信息和用电信息采集系统中功率分钟级曲线信息，关联生成充电桩异常识别成果（图15-9）。

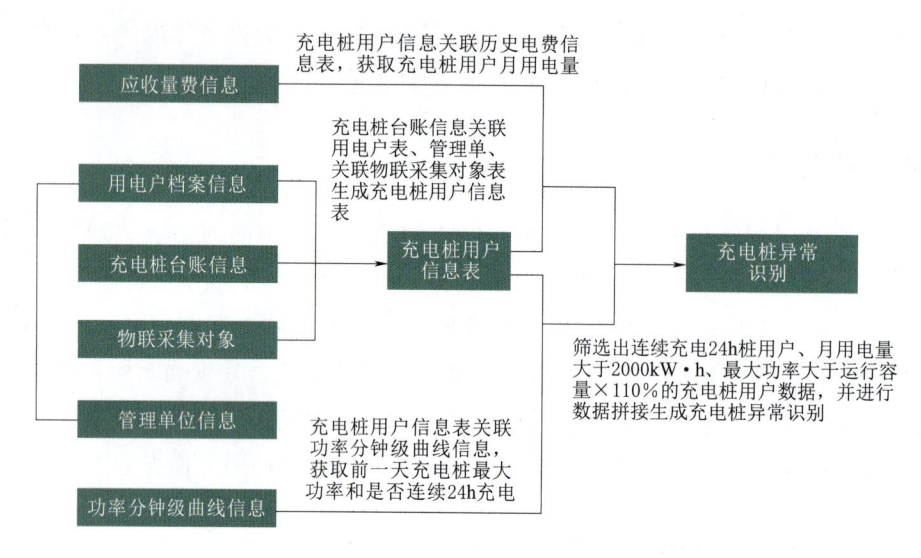

图 15-9　成果数据分析流程图

（1）从应收量费信息获取上月的电费数据，生成历史电量信息，包含应收年月、用户编码、上月电量。

（2）将充电桩台账信息、用电户档案信息、管理单位信息与物联采集对象相关联，构建完成充电桩用户信息表，包含地市、区县、供电所、用户编码、用户名称、充电桩标识、充电桩名称、运行容量、电能表标识、综合倍率等信息。

（3）充电桩用户信息表关联历史电费信息表，获取充电桩用户月用电量。

（4）充电桩用户信息表关联功率分钟级曲线信息，研判前一天充电桩最大功率和是否连续 24h 充电。

（5）筛选出连续充电 24h 的充电桩用户数据、月用电量大于 2000kW·h 的充电桩用户数据、最大功率大于运行容量×110％的充电桩用户数据，并进行数据整合生成充电桩异常数据成果。

四、典型案例

A 市供电公司工作人员通过充电桩异常识别成果查到用户田某充电桩（用户编号：410×××522），多日出现连续 24h 充电异常，不符合充电桩实际用电特性，随即将此线索发送至供电所进行现场核查，发现用户电能表下充电桩另接一插座，用于家中其他电器充电。现场工作人员向客户详细解释了充电桩电表的用途，出具了违约用电通知单，并对客户充电桩电表下自接的充电设备进行拆除处理。

第十六章

数字驱动助力服务升级

第一节 95598 敏感用户监测分析

一、背景介绍

供电服务中心人员日常需要处理大量 95598 工单，为了提供更优质的服务，最大限度避免舆情事件发生，工作人员需从大量工单中定位敏感客户群体并进行分析，进而优化工单处理流程、强化客户反馈机制、提升供电服务质量、提高客户满意度。此项工作需要人工甄别，容易出现准确性低下、效率不高的现象，亟需可筛选出敏感客户群体的数据分析应用成果。

二、产品详情

为解决工作人员无法快速区分敏感客户群体的问题，国网河南电力构建95598 敏感用户监测分析成果（图 16-1），方便客户服务人员快速定位敏感用户，强化客户反馈机制，针对性制定有效解决措施，提升供电服务质量。

三、主要做法

围绕能源互联网营销服务系统中管理单位信息、联系电话、用电户档案信息、95598 工单信息、台区信息、线路信息等数据，构建 95598 敏感用户监测分析成果（图 16-2）。

（1）从 95598 工单信息筛选出近三年拨打 95598 大于等于 3 次的联系电话，关联获取其对应的工单信息，包含工单编码、受理时间、受理内容、现场地址、用户编码、用户名称、联系电话信息和管理单位编码等信息。

第五篇
赋能客户服务优质篇

95598敏感用户监测分析

表名：	95598敏感用户监测分析	发布时间：	2024-03-08 10:14:09
业务类型：	电力营销->客户服务	服务标签：	95598

热度：2183　收藏：80

详情描述：为面向基层数据服务场景提供三年内同一手机号联系多次95598的工单、客户、台区、线路信息。更新频率：每天上午5:00全量更新。计算逻辑：提取营销系统95598工单中三年内同一个手机号拨打95598超过3次（包括3次）的工单信息数据。入参：地市编码、地市名称、县局编码、县局名称、供电单位编码、供电单位名称、用户编码、用户名称、工单编号、联系电话、受理时间_开始、受理时间_结束；返回值：地市名称、区县名称、供电单位名称、用户编码、用户名称、手机号、工单编号、受理时间、工单内容、客户地址信息、台区编码、台区名称、线路编码、线路名称。其中，入参为非必填。

图 16-1　费控停电预警用户明细查询

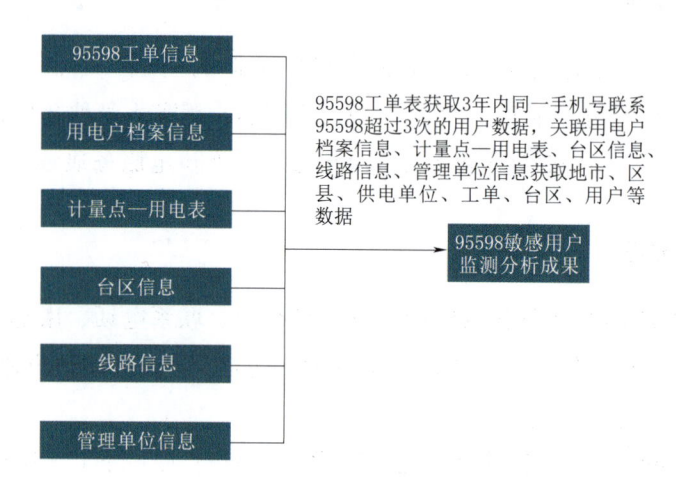

图 16-2　95598敏感用户监测分析成果数据分析流程图

（2）由筛选后的工单信息关联用电户档案信息、计量点信息、台区信息、线路信息和管理单位信息，构建95598敏感用户监测分析成果。

四、典型案例

C县供电所通过应用95598敏感用户监测分析成果，快速定位特定时间范围内辖区用户主要诉求，及时关注重点客户诉求，累计回复并解决客户诉求119件，梳理出供电辖区内敏感用户17户，定点精准走访32次，累计发放张贴供电服务连心卡2365张。通过主动靠前服务，响应客户诉求，让供电服务更有温度、深度和力度，C县供电所累计保持供电服务零投诉1345天，实现意见工单同比下降83.3%。

第二节　费控停电预警用户明细探究

一、背景介绍

目前低压用户均实行费控自动停复电策略，能源互联网营销服务系统提前7天为用户发送预警短信。为避免客户未及时处理导致系统自动停电，对用户生产生活造成影响，各供电所台区经理需对即将停电用户再次进行短信或电话预警，提醒客户及时缴费。由于各供电所台区经理管理用户数量庞大，无法快速筛选即将停电用户，亟须一个数字化成果，帮助台区经理统计用户信息，进行后续预警工作，从而提升客户满意度。

二、产品详情

针对无法快速筛选即将停电用户的问题，国网河南电力构建费控停电预警用户明细成果（图16-3），每日更新展示即将停电用户明细，帮助台区经理对该类用户进行电话或短信提醒，以便用户及时缴费，降低停电对用户生活造成的影响，提升供电服务质量。

三、主要做法

围绕能源互联网营销服务系统中管理单位信息、用电户档案信息、账户余额信息、台区信息、客户联系信息和计量点等信息，构建完成费控停电预警用户明细信息（图16-4）。

第五篇 赋能客户服务优质篇

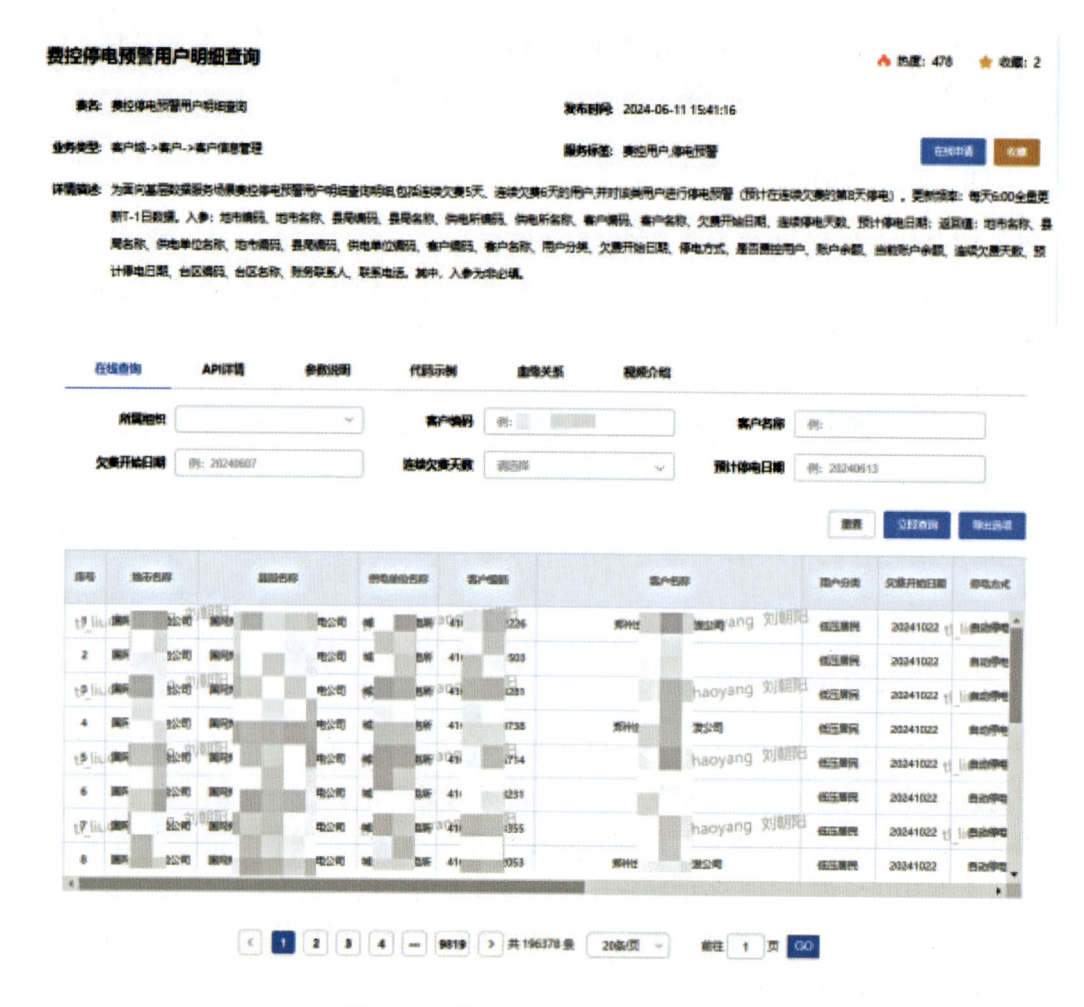

图 16-3 费控停电预警用户明细查询

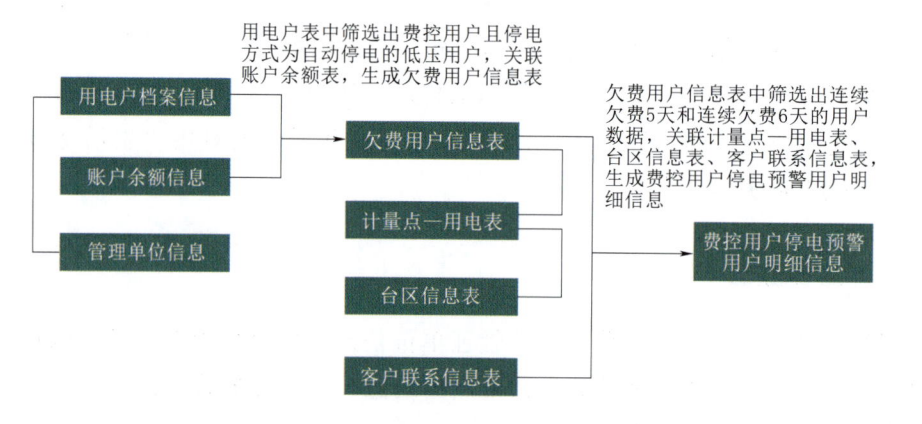

图 16-4 费控用户停电预警用户明细信息成果数据分析流程图

（1）从用电户档案信息中筛选出低压、费控、自动停电的用户，关联账户余额信息、管理单位信息，获得欠费用户信息表，包含地市、区县、供电所、用户编码、用户名称、用户分类、停电类别、费控标识、账户余额、当前账户余额、日期、客户标识等信息。

（2）从欠费用户信息中分别筛选出连续欠费 5 天、6 天的用户信息，将连续 5 天欠费用户信息和连续 6 天欠费用户信息合并，并与计量点信息表、台区信息表、客户联系信息表关联，获取费控停电预警用户明细。

四、典型案例

2024 年 8 月 28 日 B 市供电公司利用费控停电预警用户明细查询，对 8 月 29 日即将停电的用户进行整理归纳，发现一充电站非居民用户（某科技公司）已预警 6 天，将于 29 日停电，为避免停电对充电桩充电用户造成影响，供电所工作人员立即与该科技公司进行对接，经核实，因用户更换手机，未能及时发现已欠费，造成预警期间电费未及时缴纳。供电所的及时提醒提升了客户服务满意度。